Impressum
Verlag: BABADADA GmbH, Nedderfeld 112 , 22529 Hamburg
Geschäftsführer / Verlagsleitung: Harald Hof
Druck: Books on Demand GmbH, In de Tarpen 42, 22848 Norderstedt

Imprint
Publisher: BABADADA GmbH, Nedderfeld 112 , 22529 Hamburg, Germany
Managing Director / Publishing direction: Harald Hof
Print: Books on Demand GmbH, In de Tarpen 42, 22848 Norderstedt, Germany

Szkoła

בית ספר

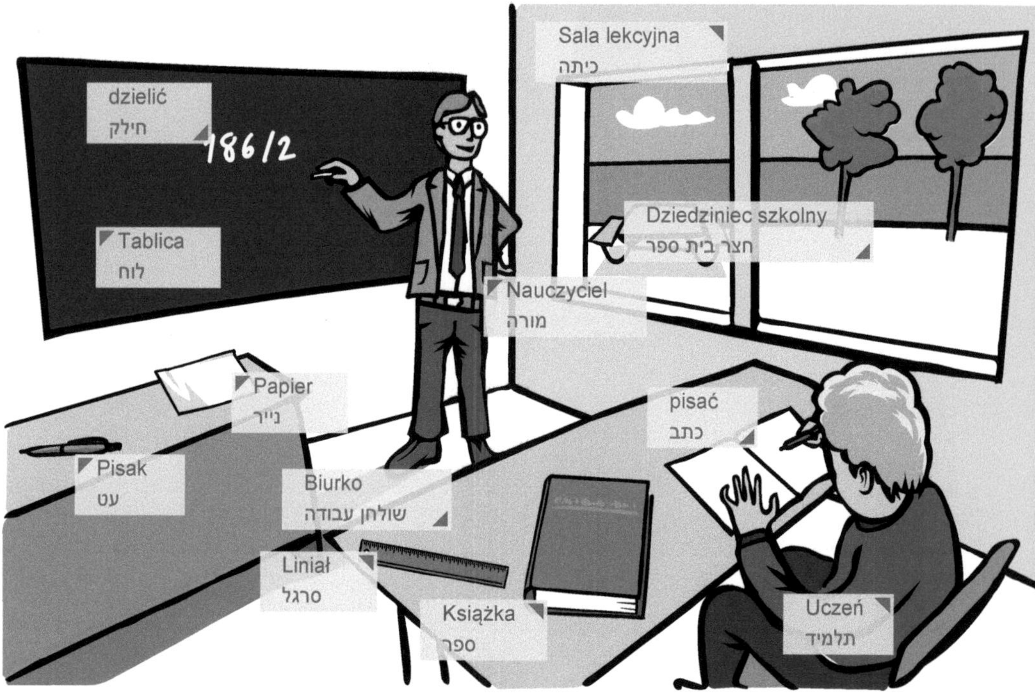
Sala lekcyjna
כיתה
dzielić
חילק
186/2
Tablica
לוח
Dziedziniec szkolny
חצר בית ספר
Nauczyciel
מורה
Papier
נייר
pisać
כתב
Pisak
עט
Biurko
שולחן עבודה
Liniał
סרגל
Książka
ספר
Uczeń
תלמיד

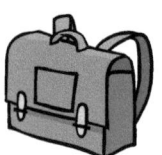

Plecak szkolny

ילקוט

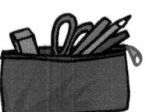

Piórnik

קלמר

Ołówek

עיפרון

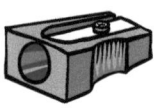

Temperówka

מחדד

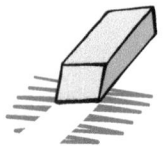

Gumka do mazania

גומי מחיקה

Blok rysunkowy

חוברת סרטוט

Rysunek

סרטוט

Pędzel

מברשת

Pudełko z akwarelami

קופסת צבעים

Nożyce

מספריים

Klej

דבק

Książka do ćwiczenia

ספר תרגול

Zadanie domowe

שיעור בית

Liczba

מספר

dodawać

חיבר

odejmować

חיסר

mnożyć

הכפיל

liczyć

חישב

Litera

אות

Alfabet

אלפבית

Słowo

מילה

Tekst

טקסט

czytać

קרא

Kreda

גיר

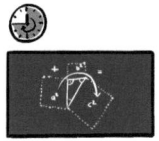

Godzina

שיעור

Dziennik lekcyjny

יומן נוכחות

Egzamin

מבחן

Świadectwo

תעודה

Mundurek szkolny

תלבושת בית ספר

Wykształcenie

חינוך

Leksykon

אנציקלופדיה

Uniwersytet

אוניברסיטה

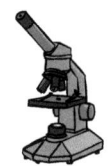

Mikroskop

מיקרוסקופ

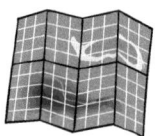

Mapa

מפה

Kosz na odpadki

סל נייר

Podróż

נסיעה

Hotel
מלון
Grand
Schronisko
הוסטל
ROOMS
Kantor wymiany walut
המרת מטבע
CHANGE
Walizka
מזוודה
Auto
אוטו

Język

שפה

tak / nie

כן / לא

OK

בסדר

Halo

שלום

Tłumacz

מתרגם

Dziękuję

תודה

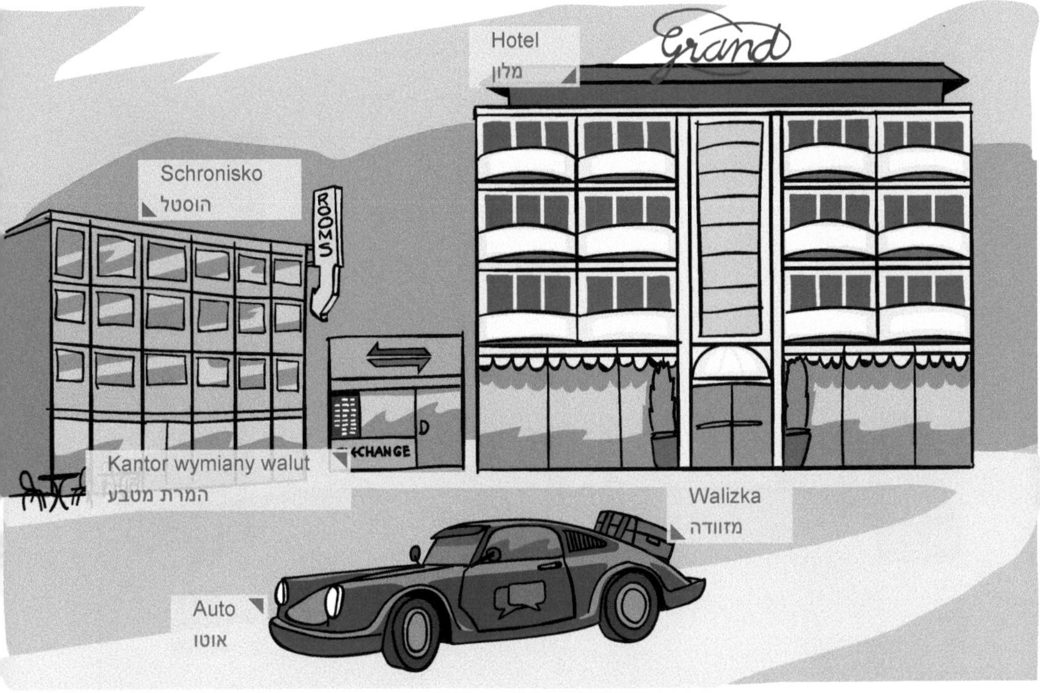

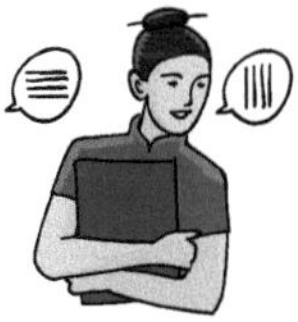

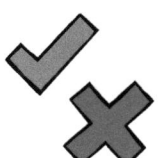

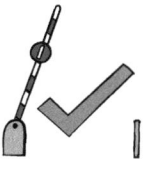

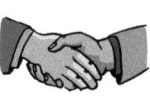

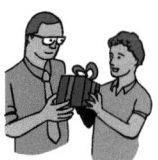

Ile kosztuje ...?

כמה עולה.....?

Nie rozumiem

אני לא מבין

Problem

בעיה

Dobry wieczór!

ערב טוב!

Dzień dobry!

בוקר טוב!

Dobranoc!

לילה טוב!

Do widzenia

להתראות

Kierunek

כיוון

Bagaż

כבודה

Torba

תיק

Plecak

תרמיל גב

Gość

אורח

Pokój

חדר

Śpiwór

שק שינה

Namiot

אוהל

Informacja turystyczna

מרכז מידע לתיירים

Plaża

חוף ים

Karta kredytowa

כרטיס אשראי

Śniadanie

ארוחת בוקר

Obiad

ארוחת צהריים

Kolacja

ארוחת ערב

Bilet

כרטיס

Winda

מעלית

Znaczek na list

בול

Granica

גבול

Cło

מכס

Ambasada

שגרירות

Wiza

אשרה

Paszport

דרכון

Transport

תחבורה

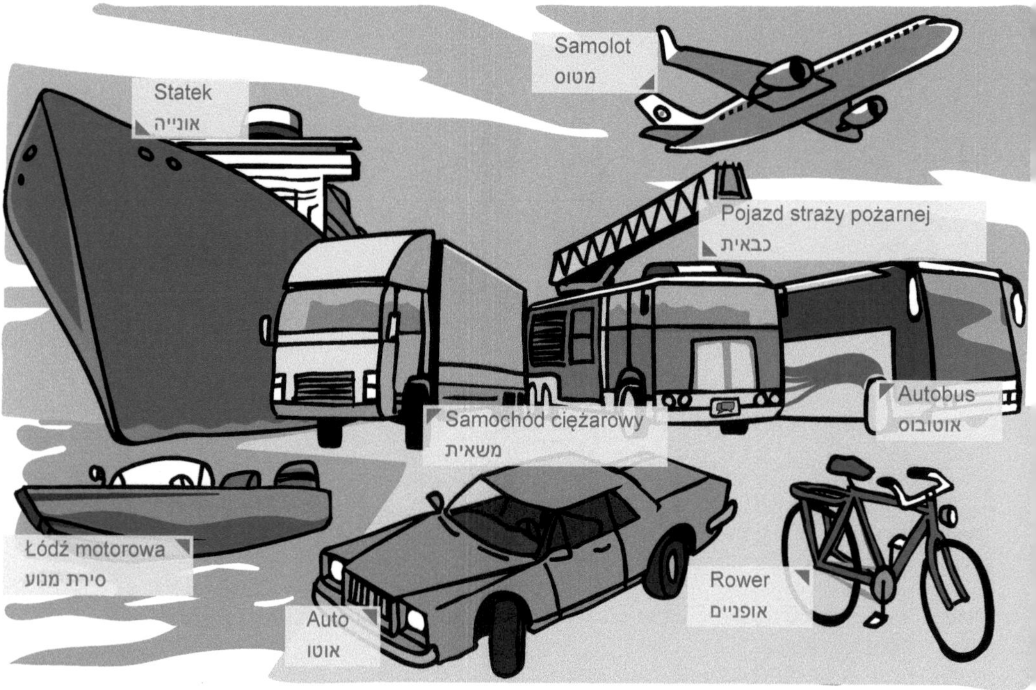

Samolot
מטוס
Statek
אונייה
Pojazd straży pożarnej
כבאית
Autobus
אוטובוס
Samochód ciężarowy
משאית
Łódź motorowa
סירת מנוע
Rower
אופניים
Auto
אוטו

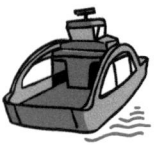

Prom

מעבורת

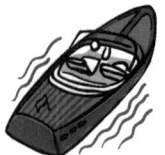

Łódź

סירה

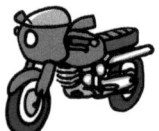

Motocykl

אופנוע

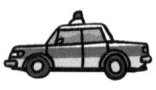

Radiowóz policyjny

ניידת משטרה

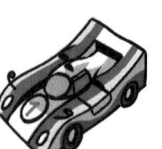

Samochód wyścigowy

מכונית מרוץ

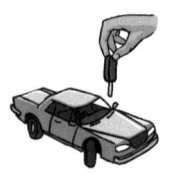

Samochód wypożyczony

רכב שכור

Wspólne przejazdy
samochodem
מכוניות בשיתוף

Samochód pomocy
drogowej
אוטו גרר

Śmieciarka
משאית זבל

Silnik
מנוע

Benzyna
דלק

Stacja benzynowa
תחנת דלק

Znak drogowy
תמרור

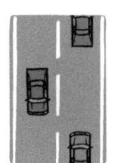

Ruch
תנועה

Korek
פקק תנועה

Parking
חניה

Dworzec
תחנת רכבת

Szyny
פסי רכבת

Pociąg
רכבת

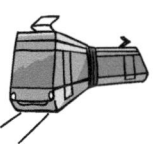

Tramwaj
רכבת קלה

Wagon
קרון

Helikopter

מסוק

Lotnisko

שדה-תעופה

Wieża

מגדל

Pasażer

נוסע

Kontener

קונטיינר

Karton

קרטון

Taczka

עגלה

Kosz

סל

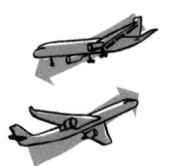

startować / lądować

המראה / נחיתה

Miasto

עיר

Wieś

כפר

Centrum miasta

מרכז העיר

Dom

בית

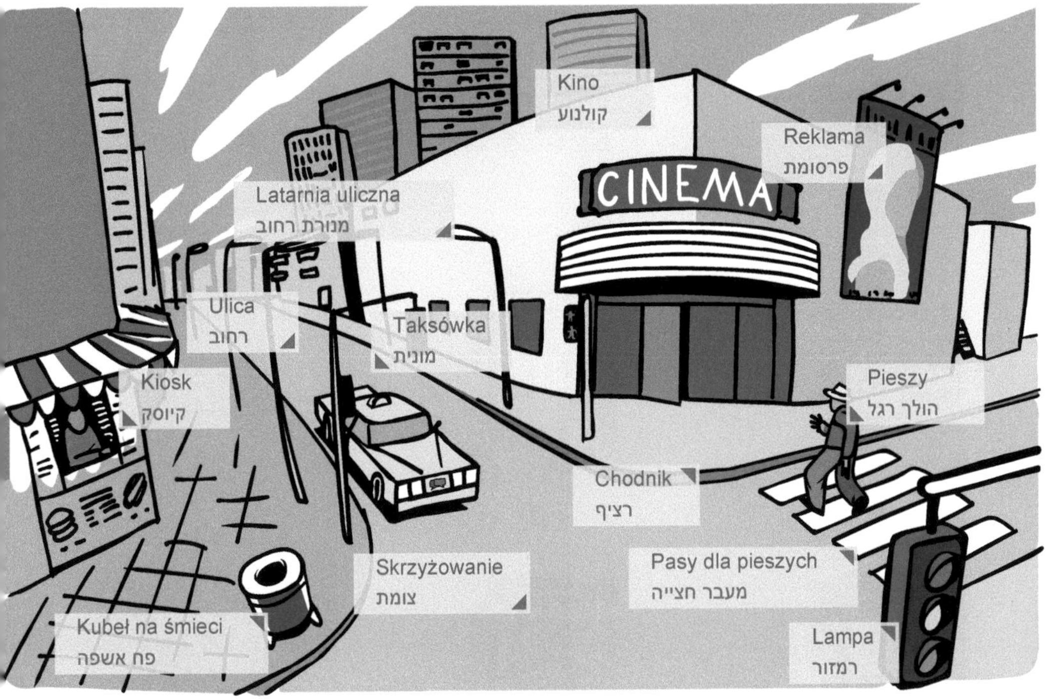

Kino
קולנוע
Reklama
פרסומת
CINEMA
Latarnia uliczna
מנורת רחוב
Ulica
רחוב
Taksówka
מונית
Kiosk
קיוסק
Pieszy
הולך רגל
Chodnik
רציף
Skrzyżowanie
צומת
Pasy dla pieszych
מעבר חצייה
Kubeł na śmieci
פח אשפה
Lampa
רמזור

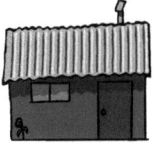

Chata

בקתה

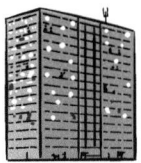

Mieszkanie

דירה

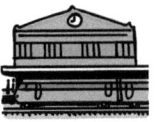

Dworzec

תחנת רכבת

Ratusz

עירייה

MUSEUM

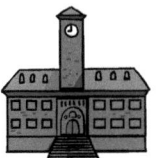

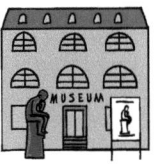

Muzeum

מוזיאון

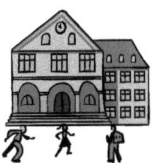

Szkoła

בית ספר

Uniwersytet

אוניברסיטה

Bank

בנק

Szpital

בית חולים

Hotel

מלון

Apteka

בית מרקחת

Biuro

משרד

Księgarnia

חנות ספרים

Sklep

חנות

Kwiaciarnia

חנות פרחים

Supermarket

סופרמרקט

Rynek

שוק

Dom towarowy

כל-בו

Sklep z rybami

מוכר דגים

Centrum handlowe

קניון

Port

נמל

Park

פארק

Ławka

ספסל

Most

גשר

Schody

מדרגות

Metro

רכבת תחתית

Tunel

מנהרה

Przystanek autobusowy

תחנת אוטובוס

Bar

בר

Restauracja

מסעדה

Skrzynka na listy

תא דואר

Tabliczka z nazwą ulicy

שלט רחוב

Parkometr

מדחן

Zoo

גן חיות

Łaźnia

בריכת שחיה

Meczet

מסגד

Gospodarstwo chłopskie

חווה

Zanieczyszczenie środowiska

זיהום

Cmentarz

בית עלמין

Kościół

כנסייה

Plac zabaw

מגרש משחקים

Świątynia

בית מקדש

Krajobraz

נוף

Liść
עלה

Drogowskaz
תמרור

Droga
דרך

Łąka
מרעה

Kamień
אבן

Drzewo
עץ

Wędrowiec
מטייל

Rzeka
נהר

Trawa
דשא

Kwiat
פרח

Dolina

בקעה

Góra

הר

Jezioro

אגם

Las

יער

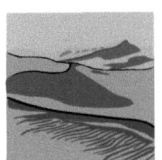

Pustynia

מדבר

Wulkan

הר געש

Zamek

טירה

Tęcza

קשת בענן

Grzyb

פטריה

Palma

דקל

Komar

יתוש

Mucha

זבוב

Mrówka

נמלה

Pszczoła

דבורה

Pająk

עכביש

Chrząszcz

חיפושית

Żaba

צפרדע

Wiewiórka

סנאי

Jeż

קיפוד

Zając

ארנב

Sowa

ינשוף

Ptak

ציפור

Łabędź

ברבור

Dzik

חזיר בר

Jeleń

צבי

Łoś

אייל הקורא

Tama

סכר

Wiatrak

טורבינת רוח

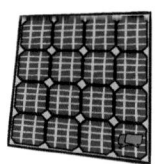

Moduł solarny

פנל סולארי

Klimat

אקלים

Restauracja

מסעדה

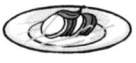

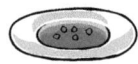

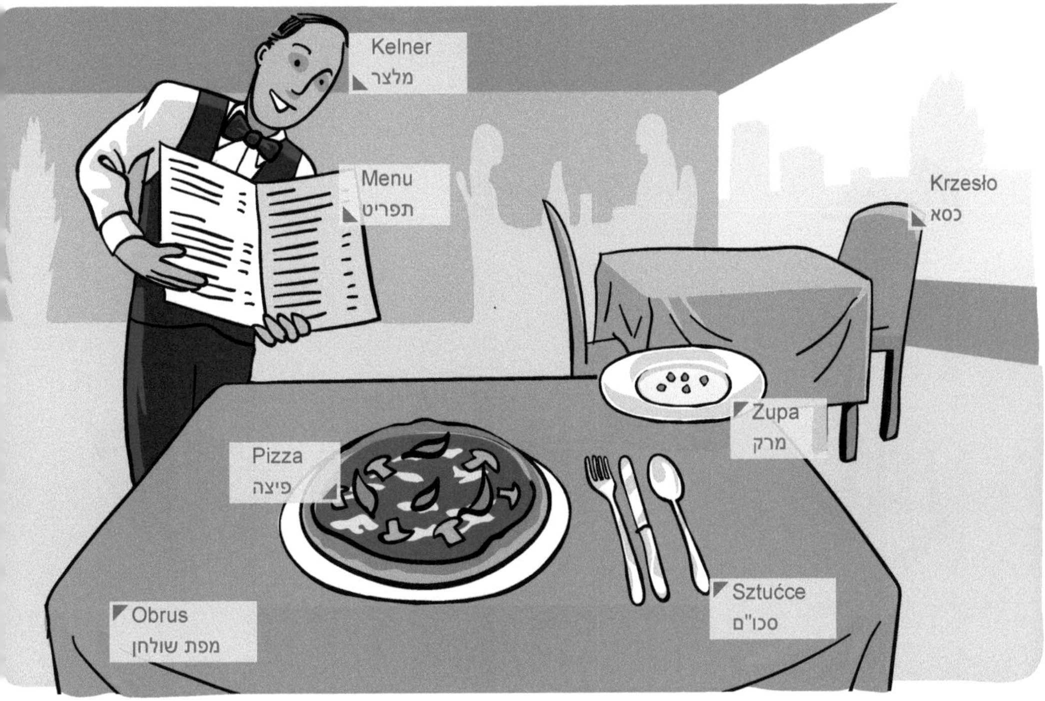

Kelner
מלצר
Menu
תפריט
Krzesło
כסא
Zupa
מרק
Pizza
פיצה
Sztućce
סכו"ם
Obrus
מפת שולחן

Przystawka

מנת פתיחה

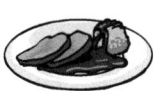

Danie główne

מנה עיקרית

Deser

קינוח

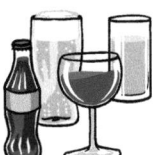

Napoje

שתיות

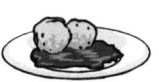

Jedzenie

אוכל

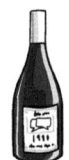

Butelka

בקבוק

Fastfood

מזון מהיר

Streetfood

אוכל רחוב

Dzbanek na herbatę

קנקן תה

Cukierniczka

מסכרת

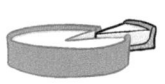

Porcja

מנה

Zaparzarka do espresso

מכונת אספרסו

Krzesło dla dziecka

כסא תינוק

Rachunek

חשבון

Taca

מגש

Noż

סכין

Widelec

מזלג

Łyżka

כף

Łyżeczka

כפית

Serwetka

מפית

Szklanka

כוס

Talerz

צלחת

Talerz do zupy

קערת מרק

Podstawek pod filiżankę

תחתית

Sos

רוטב

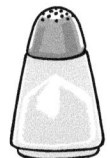

Solniczka

מלחייה

Młynek do pieprzu

מטחנת פלפל

Ocet

חומץ

Olej

שמן

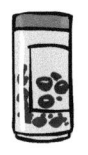

Przyprawy

תבלינים

Keczup

קטשופ

Musztarda

חרדל

Majonez

מיונז

Supermarket

סופרמרקט

Oferta
מבצע
FOR
Klient
לקוח
Produkty mleczne
מוצרי חלב
Owoce
פירות
Wózek sklepowy
עגלת קניות

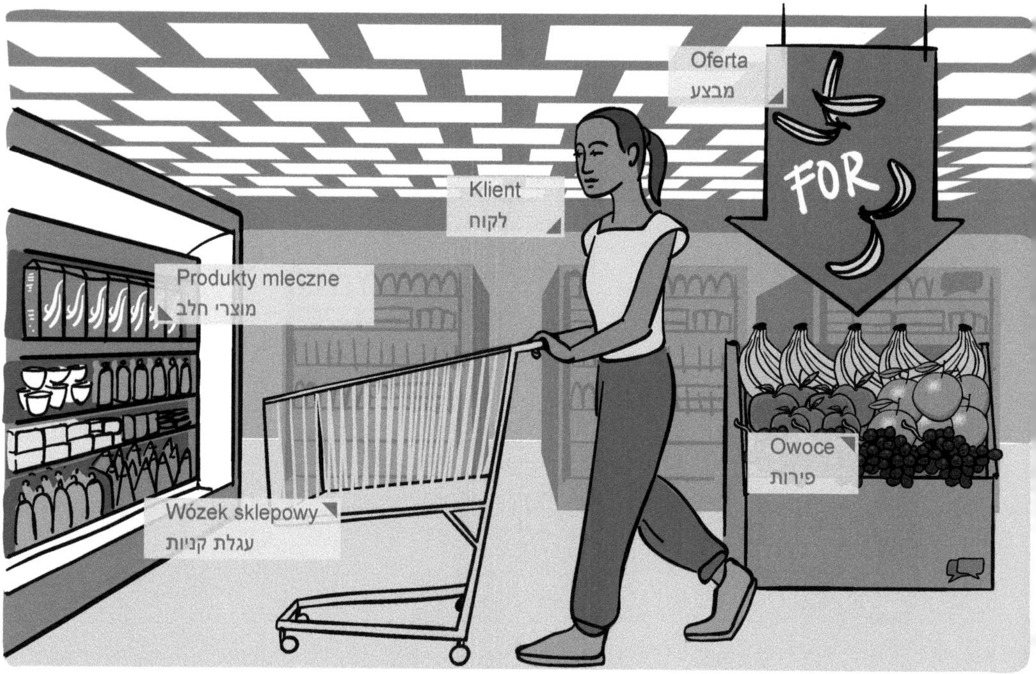

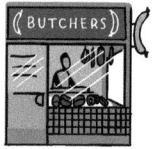

BUTCHERS

Rzeźnia

אטליז

BAKERY

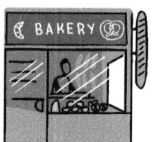

Piekarnia

מאפייה

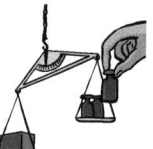

ważyć

שקל

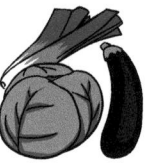

Warzywa

ירקות

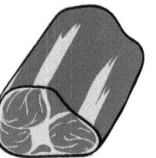

Mięso

בשר

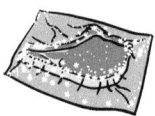

Mrożonki

מזון קפוא

Wędliny

בשר קר

Konserwy

שימורים

Proszek m do prania

אבקת כביסה

Słodycze

ממתקים

Artykuły użytku domowego

מוצרי בית

Środek czyszczący

חומר ניקוי

Sprzedawczyni

מוכרת

Kasa

קופה

Kasjer

קופאי

Lista zakupów

רשימת קניות

Godziny otwarcia

שעות פתיחה

Portfel

ארנק

Karta kredytowa

כרטיס אשראי

Torba

תיק

Torebka plastikowa

שקית ניילון

Woda

מים

Sok

מיץ

Mleko

חלב

Cola

קולה

Wino

יין

Piwo

בירה

Alkohol

אלכוהול

Kakao

קקאו

Herbata

תה

Kawa

קפה

Espresso

אספרסו

Cappuccino

קפוצ'ינו

Banan

בננה

Jabłko

תפוח

Pomarańcza

תפוז

Arbuz

אבטיח

Cytryna

לימון

Marchew

גזר

Czosnek

שום

Bambus

במבוק

Cebula

בצל

Grzyb

פטריות

Orzechy

אגוזים

Makaron

אטריות

Spaghetti

ספגטי

Ryż

אורז

Sałatka

סלט

Frytki

צ'יפס

Ziemniaki pieczone

צ'יפס

Pizza

פיצה

Hamburger

המבורגר

Kanapka

כריך

Sznycel

שניצל

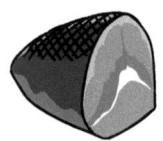

Szynka

שינקין

Salami

סלאמי

Kiełbasa

נקניקיה

Kura

עוף

Pieczeń

טיגון

Ryba

דג

Płatki owsiane

שיבולת שועל

Musli

מוזלי

Płatki kukurydziane

קורנפלקס

Mąka

קמח

Croissant

קרואסון

Bułka

לחמנייה

Chleb

לחם

Toast

טוסט

Ciastka

עוגיות

Masło

חמאה

Twarożek

גבינה לבנה

Ciasto

עוגה

Jajko

ביצה

Jajko sadzone

ביצת עין

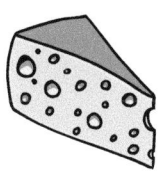

Ser

גבינה

Lody

גלידה

Cukier

סֻכָּר

Miód

דבש

Marmolada

ריבה

Krem nugatowy

ממרח נוגט

Curry

קארי

Gospodarstwo chłopskie

חווה

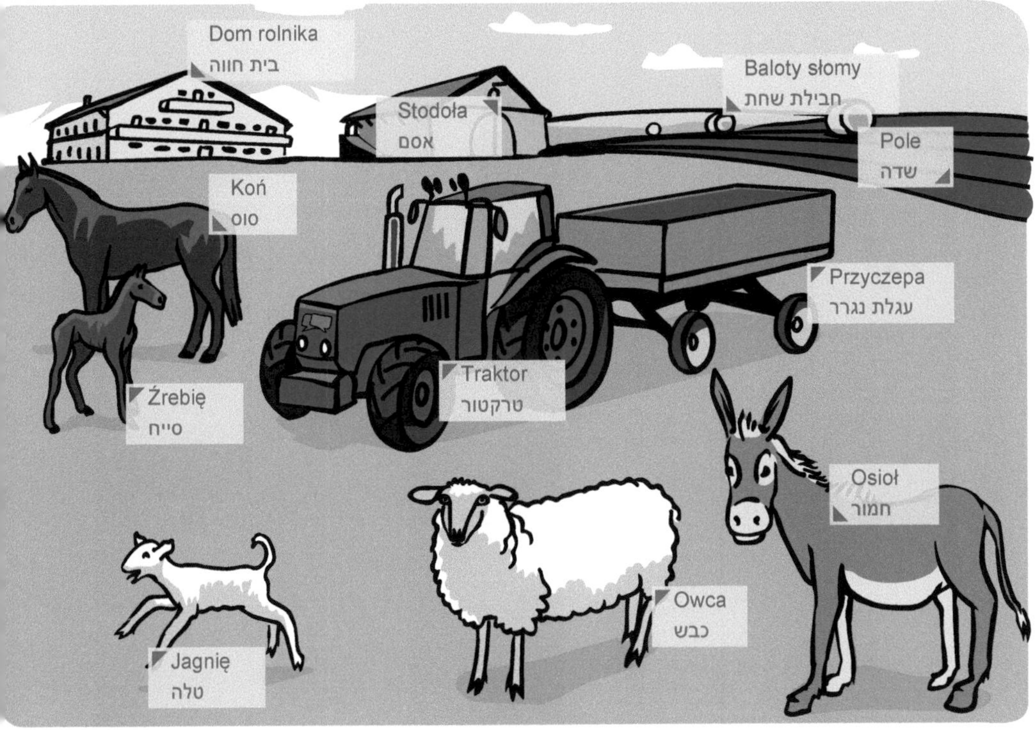

Dom rolnika
בית חווה
Stodoła
אסם
Baloty słomy
חבילת שחת
Pole
שדה
Koń
סוס
Przyczepa
עגלת נגרר
Traktor
טרקטור
Źrebię
סייח
Osioł
חמור
Owca
כבש
Jagnię
טלה

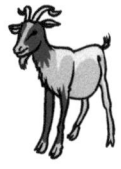

Koza
....
עז

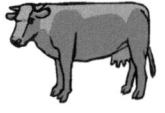

Krowa
....
פרה

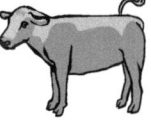

Cielę
....
עגל

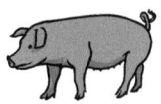

Świnia
....
חזיר

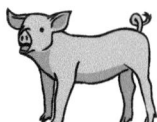

Prosię
....
חזרזיר

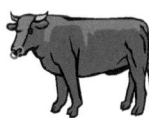

Byk
....
שור

Gęś

אווז

Kaczka

ברווז

Kurczątko

אפרוח

Kura

תרנגולת

Kogut

תרנגול

Szczur

חולדה

Kot

חתול

Mysz

עכבר

Osioł

שור

Pies

כלב

Buda dla psa

מלונה

Wąż ogrodowy

צינור השקיה

Konewka

קנקן מים

Kosa

חרמש

Pług

מחרשה

Sierp

מגל

Graca

מגרפה

Widły

קלשון

Siekiera

גרזן

Taczka

מריצה

Koryto

שוקת

Kanka na mleko

כד חלב

Worek

שק

Płot

גדר

Stajnia

אורווה

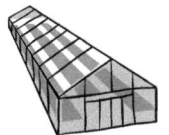

Szklarnia

חממה

Ziemia

אדמה

Nasiona

זרע

Nawóz

דשן

Kombajn zbożowy

מקצרה

zbierać

קצר

Żniwa

קציר

Podchrzyn

בטטה אפריקנית

Pszenica

חיטה

Soja

סויה

Ziemniak

תפוח אדמה

Kukurydza

תירס

Rzepak

קנולה

Drzewo owocowe

עץ פירות

Maniok

קסבה

Zboże

דגנים

Dom

בית

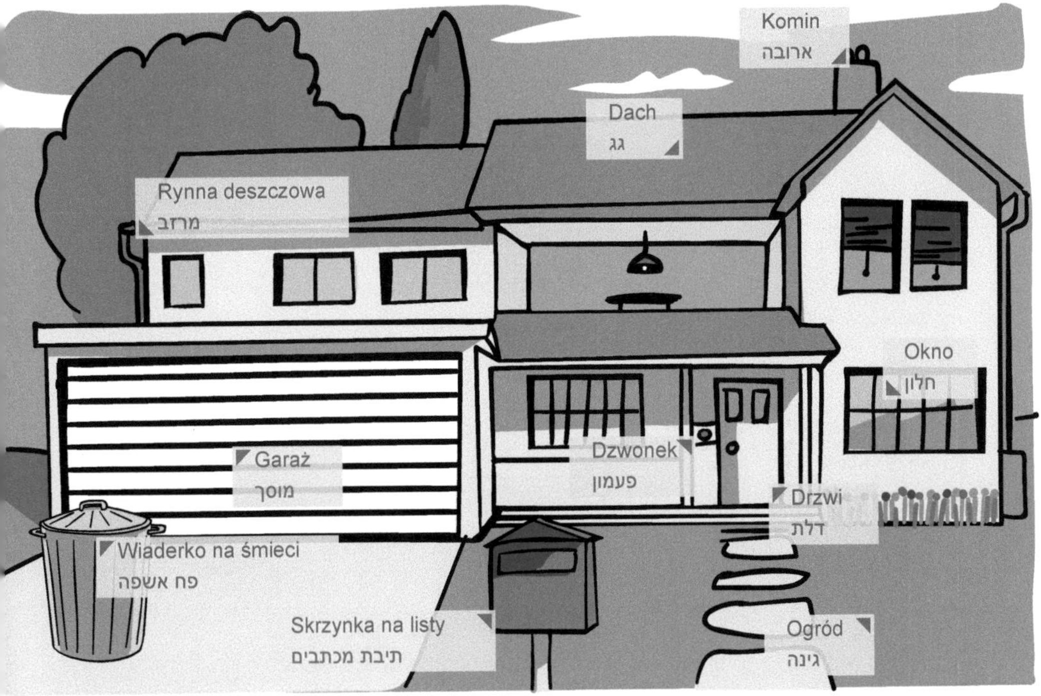
Komin
ארובה
Dach
גג
Rynna deszczowa
מרזב
Okno
חלון
Garaż
מוסך
Dzwonek
פעמון
Drzwi
דלת
Wiaderko na śmieci
פח אשפה
Skrzynka na listy
תיבת מכתבים
Ogród
גינה

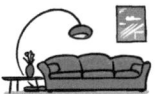

Pokój dzienny

סלון

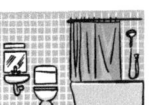

Łazienka

חדר אמבטיה

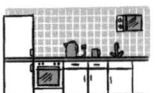

Kuchnia

מטבח

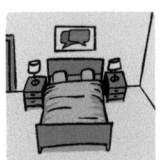

Sypialnia

חדר שינה

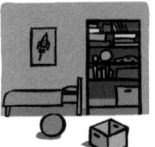

Pokój dziecięcy

חדר ילדים

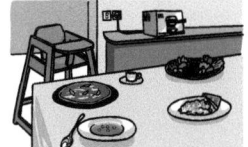

Jadalnia

חדר אוכל

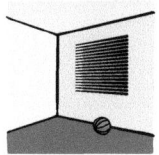

Ziemia

רצפה

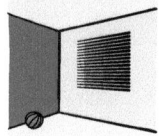

Ściana

קיר

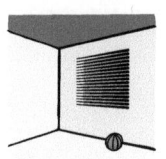

Koc

תקרה

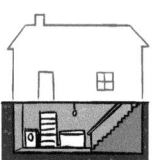

Piwnica

מרתף

Sauna

סאונה

Balkon

מרפסת

Taras

מרפסת

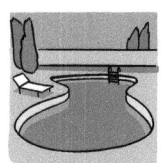

Basen

בריכה

Kosiarka do trawy

מכסחת דשא

Poszwa

סדין

Kołdra

כיסוי מיטה

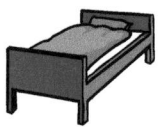

Łóżko

מיטה

Miotła

מטאטא

Wiadro

דלי

Włącznik

מפסק

Pokój dzienny
סלון

Tapeta
טפט
Obraz
תמונה
Lampa
מנורה
Regał
מדף
Szafa
ארון
Telewizor
טלוויזיה
Komin
אח
Kwiat
פרח
Poduszka
כרית
Kanapa
ספה
Wazon
אגרטל
Pilot
שלט רחוק

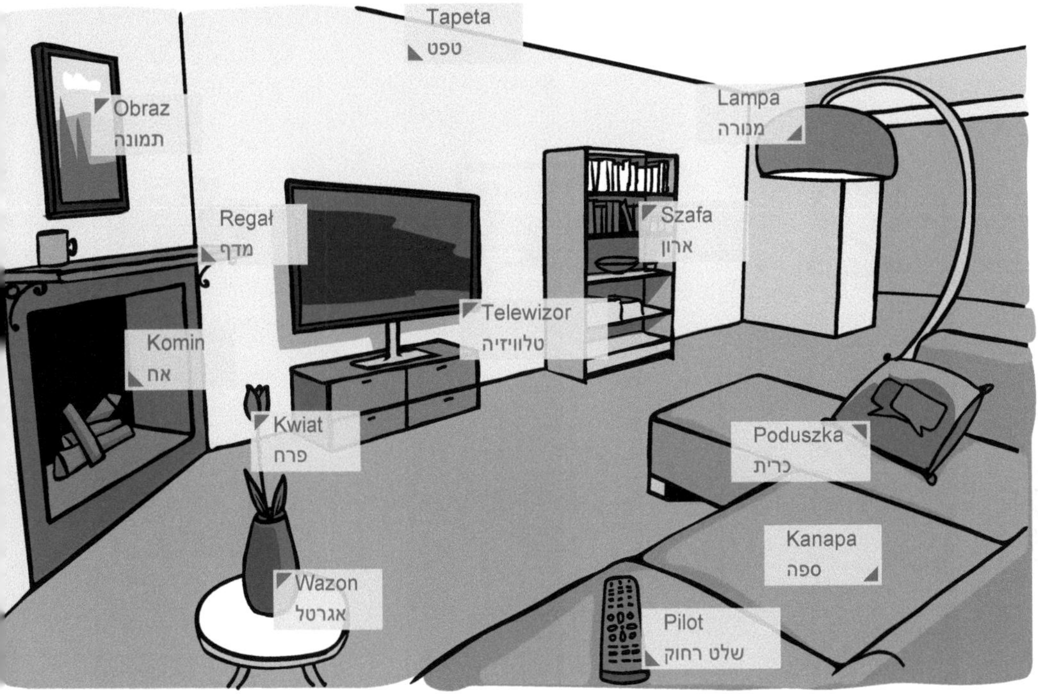

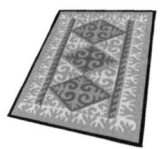

Dywan
שטיח

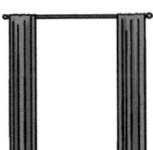

Zasłona
וילון

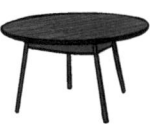

Stół
שולחן

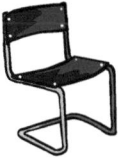

Krzesło
כסא

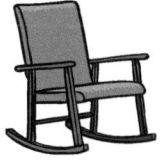

Bujak
כיסא נדנדה

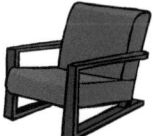

Fotel
כורסה

Książka

ספר

Sufit

שמיכה

Dekoracja

דקורציה

Drewno kominkowe

עצי הסקה

Film

סרט

Instalacja stereo

מערכת סטריאו

Klucz

מפתח

Gazeta

עיתון

Malunek

ציור

Plakat

פוסטר

Radio

רדיו

Notatnik

מחברת

Odkurzacz

שואב אבק

Kaktus

קקטוס

Świeczka

נר

Kuchnia
מטבח

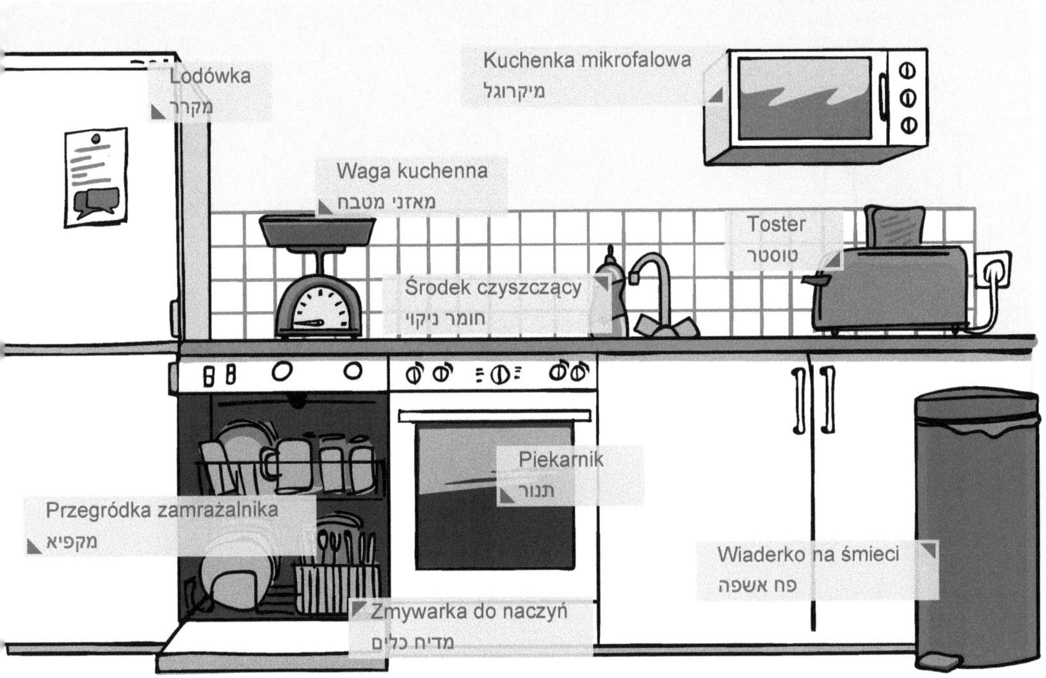

Lodówka
מקרר
Kuchenka mikrofalowa
מיקרוגל
Waga kuchenna
מאזני מטבח
Toster
טוסטר
Środek czyszczący
חומר ניקוי
Piekarnik
תנור
Przegródka zamrażalnika
מקפיא
Wiaderko na śmieci
פח אשפה
Zmywarka do naczyń
מדיח כלים

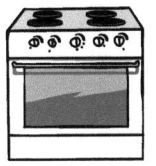

Kuchenka
....
תנור

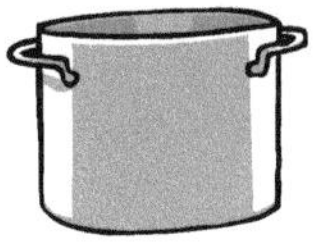

Garnek
....
סיר

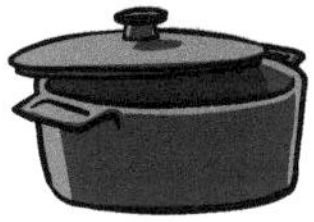

Kocioł żeliwny
....
סיר ברזל

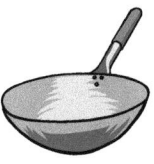

Wok / Kadai
....
ווק

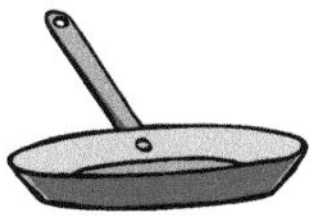

Patelnia
....
מחבת

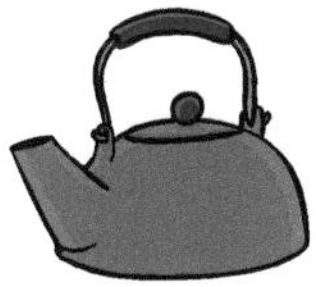

Czajnik
....
קומקום חשמלי

Parowar

מאדה

Blacha do pieczenia

מגש אפייה

Naczynia kuchenne

כלי אוכל

Kubek

ספל

Miska

קערה

Pałeczki

צ'ופסטיקס

Nabierka

מצקת

Łopatka do smażenia

מרית

Trzepaczka do śmietany

מטרפה

Cedzak

מסננת בישול

Sitko

מסננת

Tarka

מגרדת

Moździerz

מכתש

Grillowanie

גריל

Palenisko

מדורה

Deska

קרש חיתוך

Wałek do ciasta

מערוך

Korkociąg

פותחן פקקים

Puszka

פחית

Otwieracz do puszek

פותחן קופסאות

Ściereczka do trzymania garnka

מטלית

Umywalka

כיור

Szczotka

מברשת

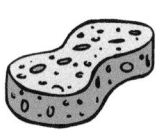

Gąbka

ספוג

Mikser

בלנדר

Zamrażarka

מקפיא

Butelka dla niemowlęcia

בקבוק לתינוק

Kran

ברז

Łazienka

חדר אמבטיה

Ogrzewanie
חימום
Ręcznik
מגבת
Prysznic
מקלחת
Kotara prysznicowa
וילון מקלחת
Płyn do kąpieli
אמבטיית קצף
Wanna kąpielowa
אמבטיה
Szklanka
כוס
Pralka
מכונת כביסה
Kran
ברז
Kafelki
אריחים
Nocnik
סיר לילה
Umywalka
כיור

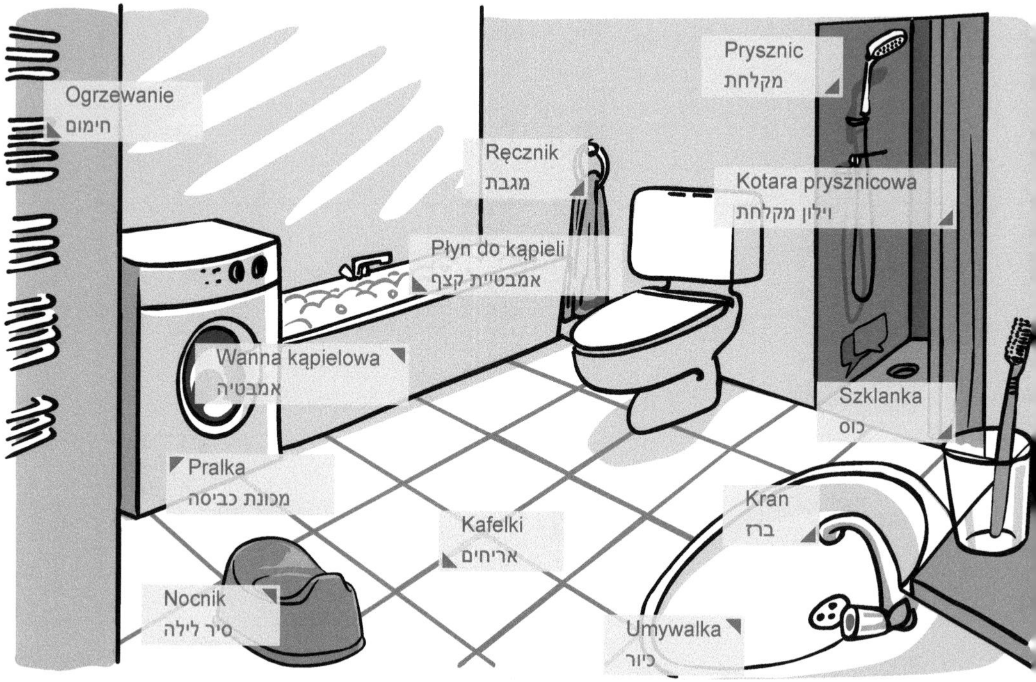

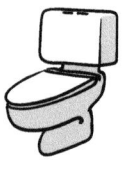

Toaleta

אסלה

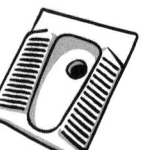

Toaleta kuczna

אסלת כריעה

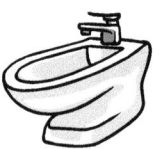

Bidet

בידה

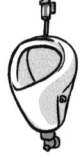

Pisuar

משתנה

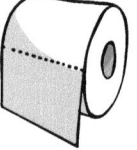

Papier toaletowy

נייר טואלט

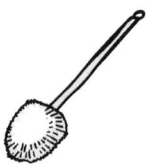

Szczotka toaletowa

מברשת אסלה

Szczoteczka do zębów

מברשת שיניים

Pasta do zębów

משחת שיניים

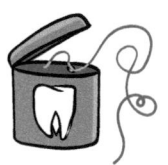

Nitki do czyszczenia zębów

חוט דנטלי

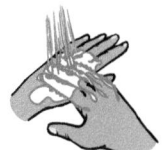

myć

שטף

Głowica prysznicowa

מקלחת יד

Płyn kąpielowy do higieny intymnej

צינור שטיפה לשירותים

Miska do mycia

קערת רחצה

Szczotka kąpielowa

מברשת גב

Mydło

סבון

Żel prysznicowy

ג'ל רחצה

Szampon

שמפו

Rękawica kąpielowa

ליפה

Odpływ

ניקוז

Krem

קרם

Dezodorant

דיאודורנט

Lustro

מראה

Lustro kosmetyczne

מראת יד

Golarka

סכין גילוח

Pianka do golenia

קצף גילוח

Woda po goleniu

אפטרשייב

Grzebień

מסרק

Szczotka

מברשת

Suszarka do włosów

מייבש שיער

Spray do włosów

ספריי לשיער

Makijaż

איפור

Pomadka

שפתון

Lakier do paznokci

לק

Wata

צמר גפן

Nożyczki do paznokci

מספריים לציפורניים

Perfum

בושם

Kosmetyczka

תיק כלי רחצה

Taboret

שרפרף

Waga

משקל

Szlafrok kąpielowy

חלוק רחצה

Rękawice gumowe

כפפות גומי

Tampon

טמפון

Podpaska damska

תחבושת סניטרית

Toaleta chemiczna

שירותים כימיקליים

Pokój dziecięcy
חדר ילדים

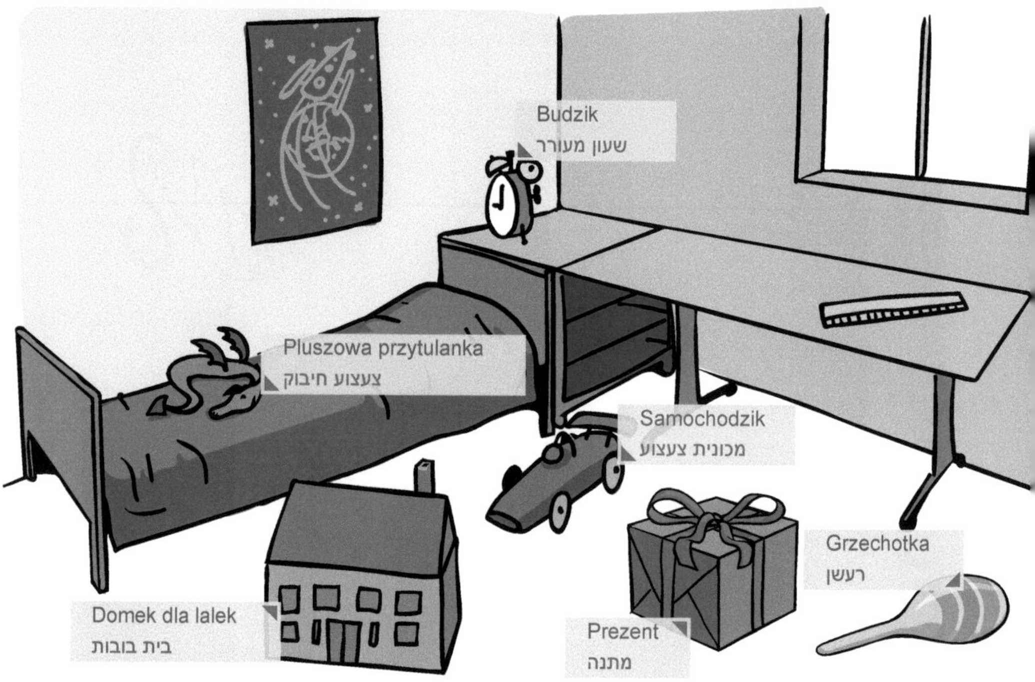

Budzik
שעון מעורר
Pluszowa przytulanka
צעצוע חיבוק
Samochodzik
מכונית צעצוע
Grzechotka
רעשן
Domek dla lalek
בית בובות
Prezent
מתנה

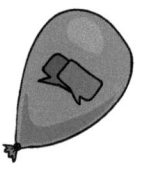

Balon
רלין

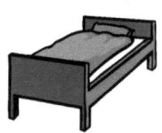

Łóżko
מיטה

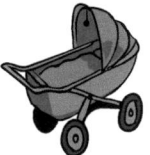

Wózek dziecięcy
עגלה

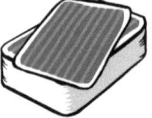

Gra w karty
משחק קלפים

Puzzle
פאזל

SUPER
MEGA

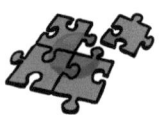

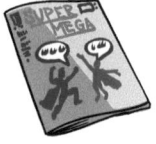

Komiks
קומיקס

Klocki lego

לגו

Klocki

קוביות משחק

Action figura

דמות משחק

Śpioszek dziecięcy

סרבל תינוקות

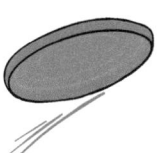

Frisbee

פריזבי

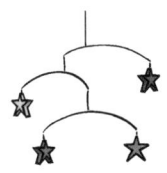

Zabawki ruchome

נייד

Gra planszowa

משחק לוח

Kości

קוביה

Kolejka elektryczna

רכבת צעצוע

Smoczek

מוצץ

Przyjęcie

מסיבה

Książka z ilustracjami

אלבום תמונות

Piłka

כדור

Lalka

בובה

bawić się

שיחק

Piaskownica

ארגז חול

Huśtawka

נדנדה

Zabawki

צעצועים

Konsola do gier

קונסולת משחקים

Rowerek trójkołowy

אופניים תלת גלגלי

Pluszowy miś

דובון

Szafa ubraniowa

ארון בגדים

Ubiór

בגדים

Skarpety

גרביים

Pończochy

גרביונים

Rajstopy

גרביון

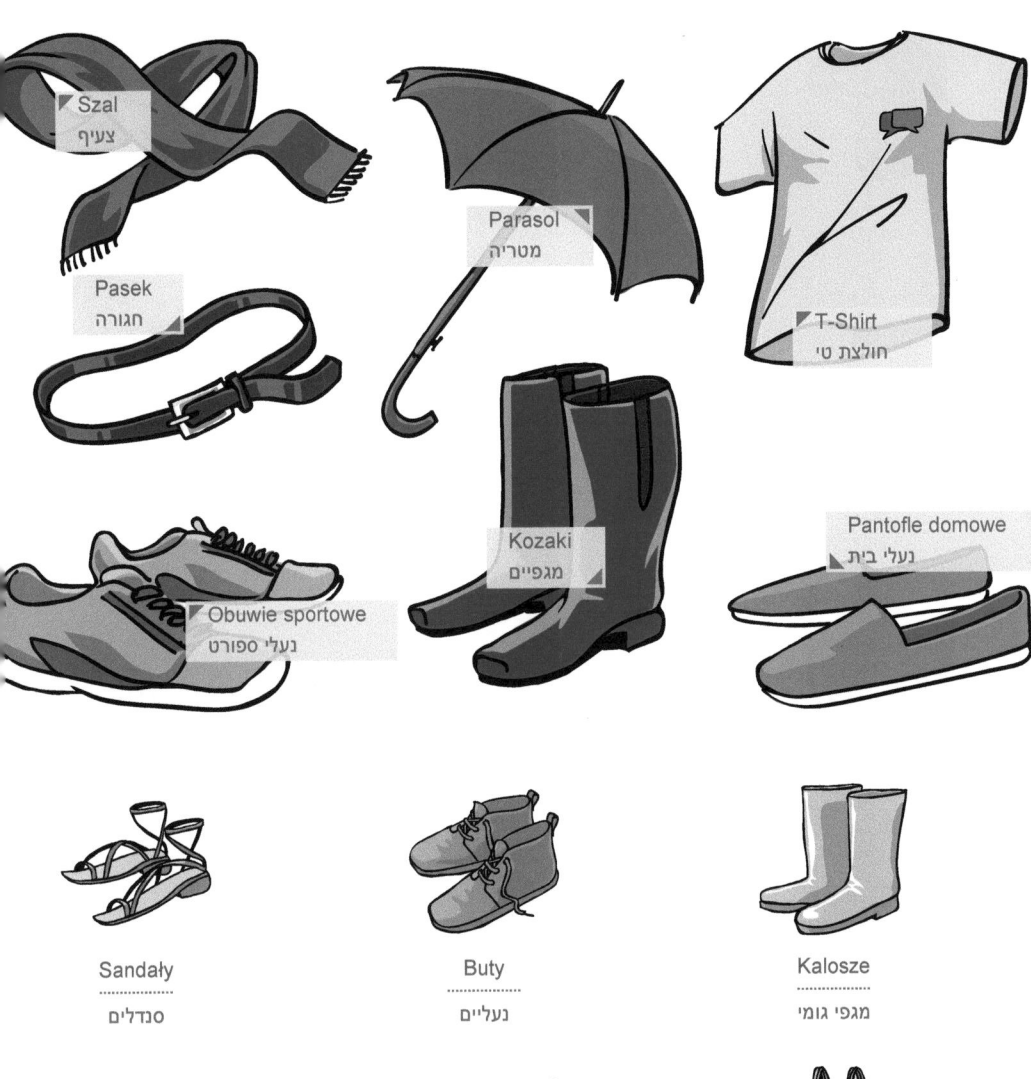

Szal צעיף

Parasol מטריה

Pasek חגורה

T-Shirt חולצת טי

Kozaki מגפיים

Pantofle domowe נעלי בית

Obuwie sportowe נעלי ספורט

Sandały
סנדלים

Buty
נעליים

Kalosze
מגפי גומי

Majtki
תחתונים

Biustonosz
חזייה

Podkoszulek
וסט

Body

גוף

Spodnie

מכנסיים

Dżins

ג'ינס

Spódnica

חצאית

Bluzka

חולצה מכופתרת

Koszula

חולצה

Pulower

אפודה

Bluza sportowa

סווצ'ר עם קפוצ'ון

Marynarka

בלייזר

Kurtka

ז'קט

Płaszcz

מעיל

Płaszcz przeciwdeszczowy

מעיל גשם

Kostium

תלבושת

Sukienka

שמלה

Suknia ślubna

שמלת כלה

Garnitur męski

חליפה

Koszula nocna

כותונת לילה

Piżama

פיג'מה

Sari

סארי

Chusta na głowę

מטפחת ראש

Turban

טורבן

Burka

בורקה

Kaftan

קאפטן

Abaya

עבאיה

Strój kąpielowy

בגד ים

Kąpielówki

בגד ים

Krótkie spodnie

מכנסיים קצרים

Dres sportowy

בגד אימון

Fartuch

סינר

Rękawiczki

כפפות

Guzik

כפתור

Okulary

משקפיים

Bransoletka

צמיד יד

Łańcuszek

שרשרת

Pierścionek

טבעת

Kolczyk

עגיל

Czapka

כובע

Wieszak

קולב

Kapelusz

כובע

Krawat

עניבה

Zamek błyskawiczny

רוכסן

Kask

קסדה

Szelki

כתפיות

Mundurek szkolny

תלבושת בית ספר

Mundur

מדים

Śliniaczek

מפית אוכל

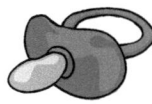

Smoczek

מוצץ

Pieluszka

חיתול

Biuro

משרד

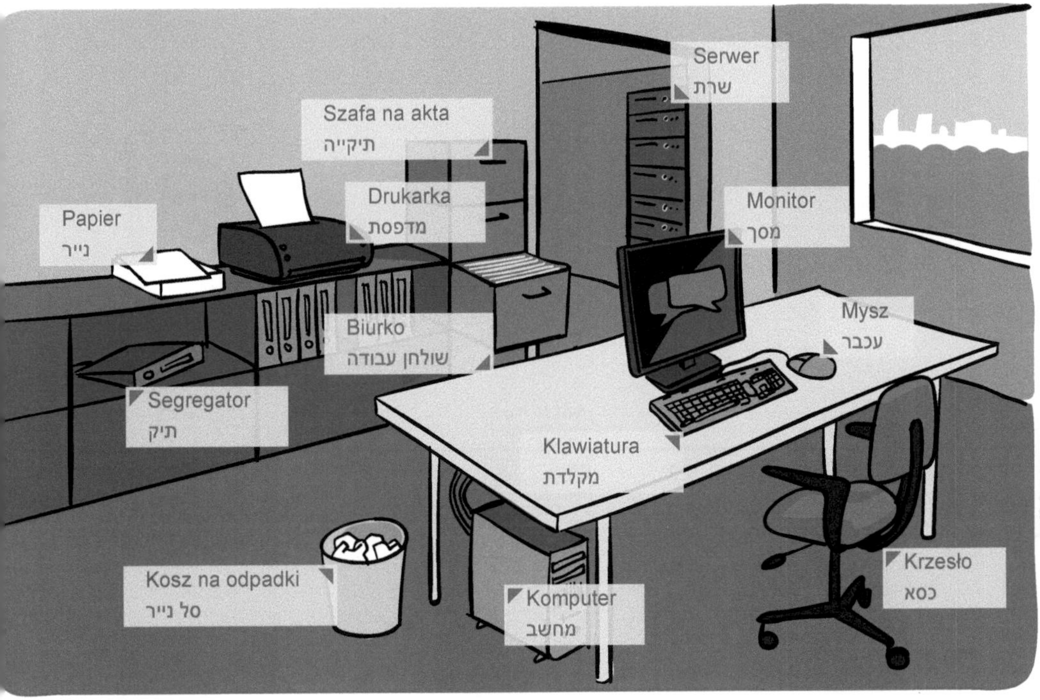

Serwer
שרת

Szafa na akta
תיקייה

Drukarka
מדפסת

Papier
נייר

Monitor
מסך

Mysz
עכבר

Biurko
שולחן עבודה

Segregator
תיק

Klawiatura
מקלדת

Krzesło
כסא

Kosz na odpadki
סל נייר

Komputer
מחשב

Filiżanka do kawy

ספל קפה

Kalkulator

מחשבון

Internet

אינטרנט

Laptop

מחשב נייד

List

מכתב

Wiadomość

הודעה

Komórka

נייד

Sieć

רשת

Kopiarka

מכונת צילום

Oprogramowanie

תוכנה

Telefon

טלפון

Gniazdko

שקע

Faks

פקס

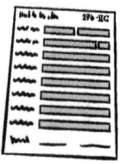

Formularz

טופס

Dokument

מסמך

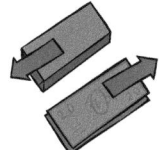

kupić

קנה

płacić

שילם

postępować

סחר

Pieniądze

כסף

Dolar

דולר

Euro

יורו

Jen

יין

Rubel

רובל

Frank

פרנק שווייצרי

Juan Renminbi

יואן רנמינבי

Rupia

רופי

Bankomat

כספומט

Kantor wymiany walut

המרת מטבע

Złoto

זהב

Srebro

כסף

Olej

נפט

Energia

אנרגיה

Cena

מחיר

Umowa

חוזה

Podatek

מס

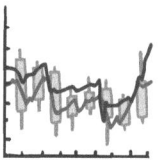

Akcja

מנייה

pracować

עבד

Pracownik umysłowy

עובד

Pracodawca

מעסיק

Fabryka

מפעל

Sklep

חנות

Zawody
מקצועות

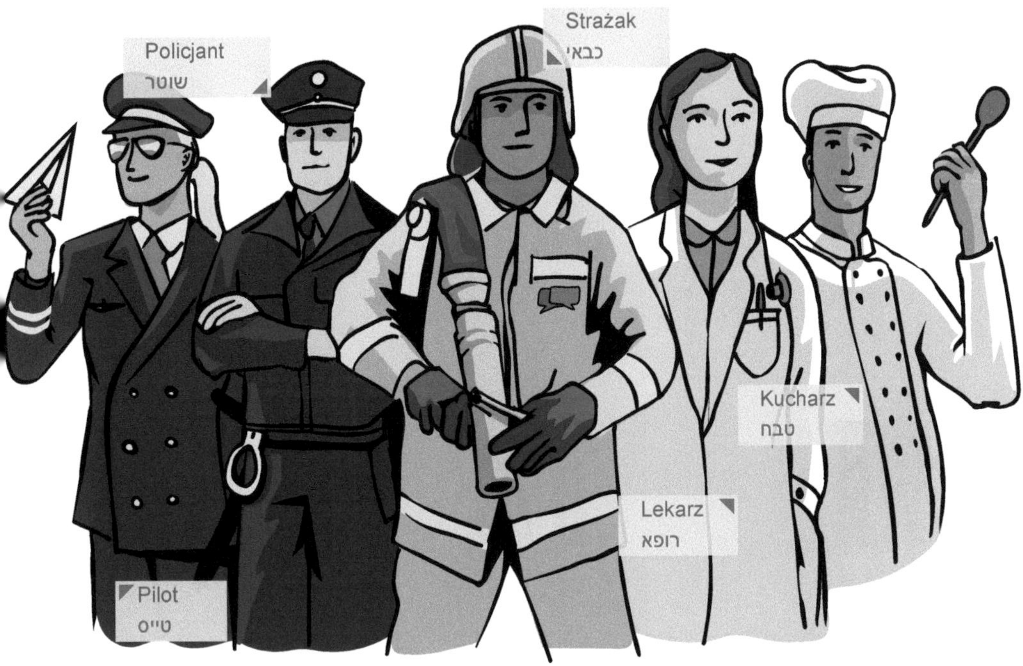
Strażak
כבאי
Policjant
שוטר
Kucharz
טבח
Lekarz
רופא
Pilot
טייס

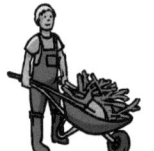

Ogrodnik

גנן

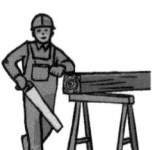

Stolarz

נגר

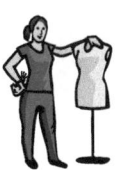

Krawcowa

תופרת

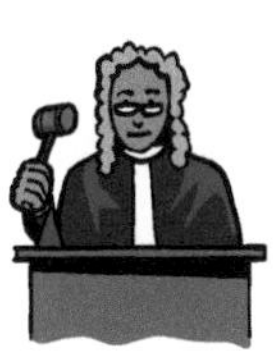

Sędzia

שופט

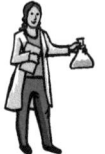

Chemik

כימאי

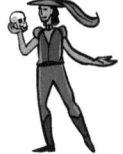

Aktor

שחקן

Kierowca autobusu

נהג אוטובוס

Taksówkarz

נהג מונית

Fischer

דייג

Sprzątaczka

עובדת נקיון

Dekarz

מתקן גגות

Kelner

מלצר

Myśliwy

צייד

Malarz

צייר

Piekarz

אופה

Elektryk

חשמלאי

Robotnik budowlany

עובד בניין

Inżynier

מהנדס

Rzeźnik

קצב

Instalator

אינסטלטור

Listonosz

דוור

Żołnierz

חייל

Architekt

אדריכל

Kasjer

קופאי

Florysta

מוכר פרחים

Fryzjer

ספר

Konduktor

כרטיסן

Mechanik

מכונאי

Kapitan

קברניט

Dentysta

רופא שיניים

Naukowiec

מדען

Rabin

רב

Imam

אימאם

Mnich

נזיר

Proboszcz

כומר

Narzędzia
כלי עבודה

Szczypce
צבת
Młotek
פטיש
Wkrętak
מברג
Latarka
פנס
Klucz do śrub
מפתח ברגים

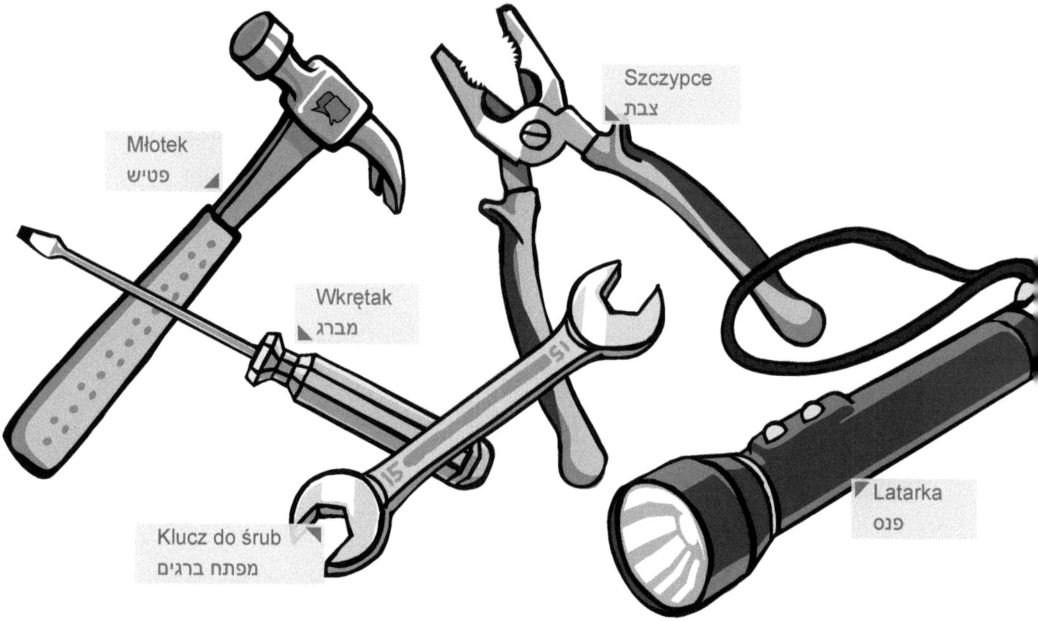

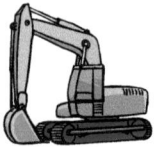

Koparka
דחפור

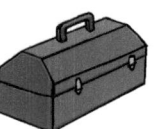

Skrzynka narzędziowa
ארגז כלים

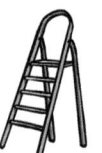

Drabina
סולם

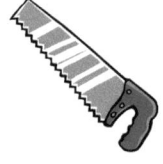

Piła
מסור

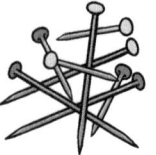

Gwoździe
מסמרים

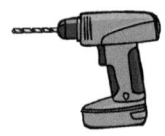

Wiertło
מקדחה

naprawić

תיקון

Łopatka

את חפירה

Cholera!

לעזאזל!

Szufelka

יעה

Puszka z farbą

פח צבע

Śruby

ברגים

Instrumenty muzyczne

כלי נגינה

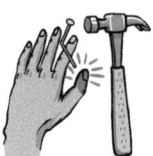

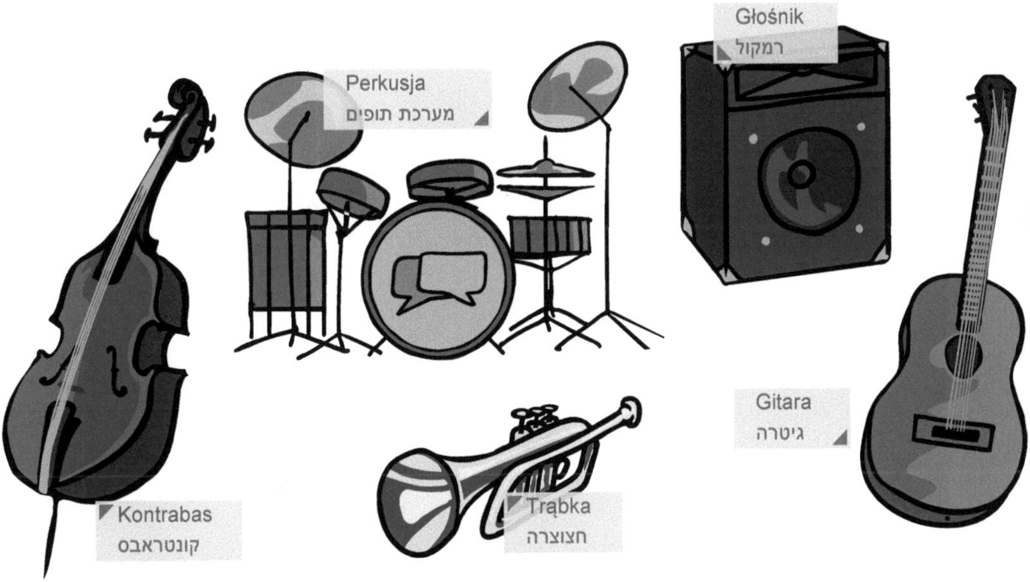

Głośnik

רמקול

Perkusja

מערכת תופים

Gitara

גיטרה

Kontrabas

קונטראבס

Trąbka

חצוצרה

Pianino

פסנתר

Skrzypce

כינור

Bas

בס

Kotły

תוף הדוד

Bęben

תופים

Keyboard

מקלדת פסנתר

Saksofon

סקסופון

Flet

חליל

Mikrofon

מיקרופון

Zoo
גן חיות

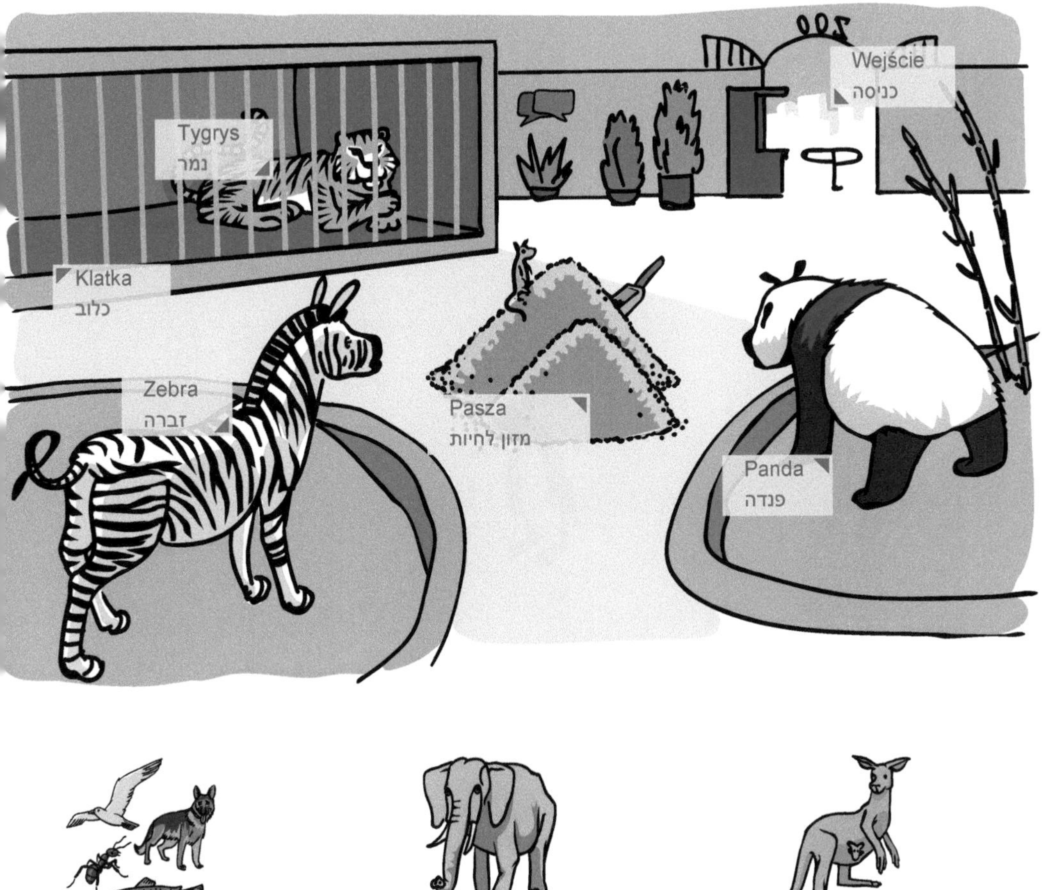

Wejście
כניסה
Tygrys
נמר
Klatka
כלוב
Zebra
זברה
Pasza
מזון לחיות
Panda
פנדה

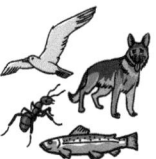

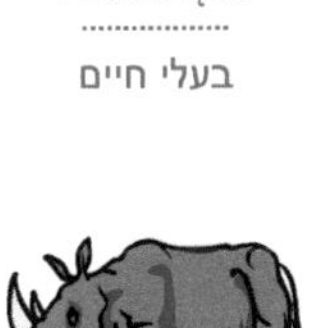

Zwierzęta
בעלי חיים

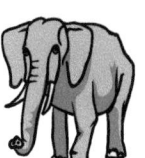

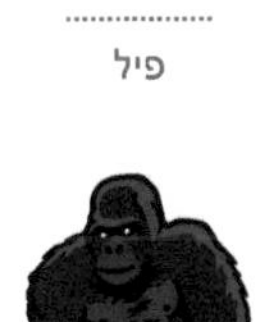

Słoń
פיל

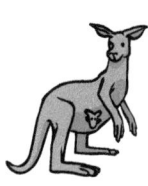

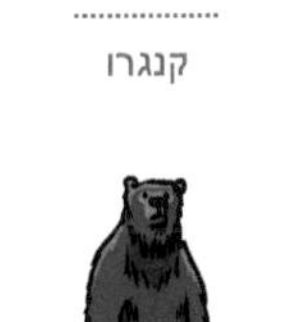

Kangur
קנגרו

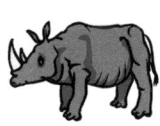

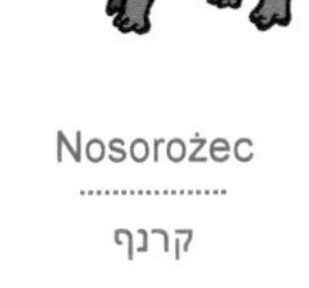

Nosorożec
קרנף

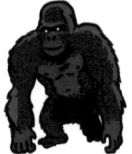

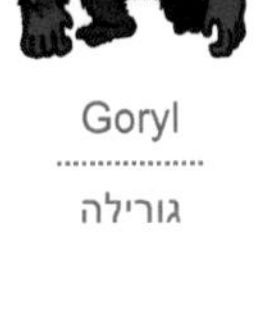

Goryl
גורילה

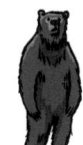

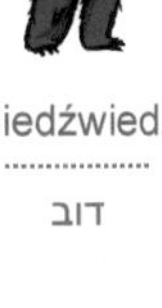

Niedźwiedź
דוב

Wielbłąd

גמל

Struś

יען

Lew

אריה

Małpa

קוף

Fleming

פלמינגו

Papuga

תוכי

Niedźwiedź polarny

דוב הקרח

Pingwin

פינגווין

Rekin

כריש

Paw

טווס

Wąż

נחש

Krokodyl

תנין

Dozorca w zoo

שומר גן החיות

Foka

כלב ים

Jaguar

יגואר

Kucyk

סוס פוני

Gepard

לאופרד

Hipopotam

היפופוטאם

Żyrafa

ג'ירפה

Orzeł

נשר

Dzik

חזיר בר

Ryba

דג

Żółw

צב

Mors

סוס ים

Lis

שועל

Gazela

איילה

Futbol amerykański
פוטבול אמריקאי

Kolarstwo
רכיבת אופניים

Tenis
טניס

Koszykówka
כדורסל

Pływanie
שחיה

Boks
אגרוף

Hokej na lodzie
הוקי

Piłka nożna
רדורגל

Badminton
רדמינטון

Lekka atletyka
אתלויקה

Piłka ręczna
כדור-יד

Narciarstwo
עשה סקי

Polo
פולו

Działania
פעילויות

śmiać się
צחק
skakać
קפץ
objąć
חיבק
iść
הלך
śpiewać
שר
marzyć
חלם
modlić się
התפלל
całować
נשק

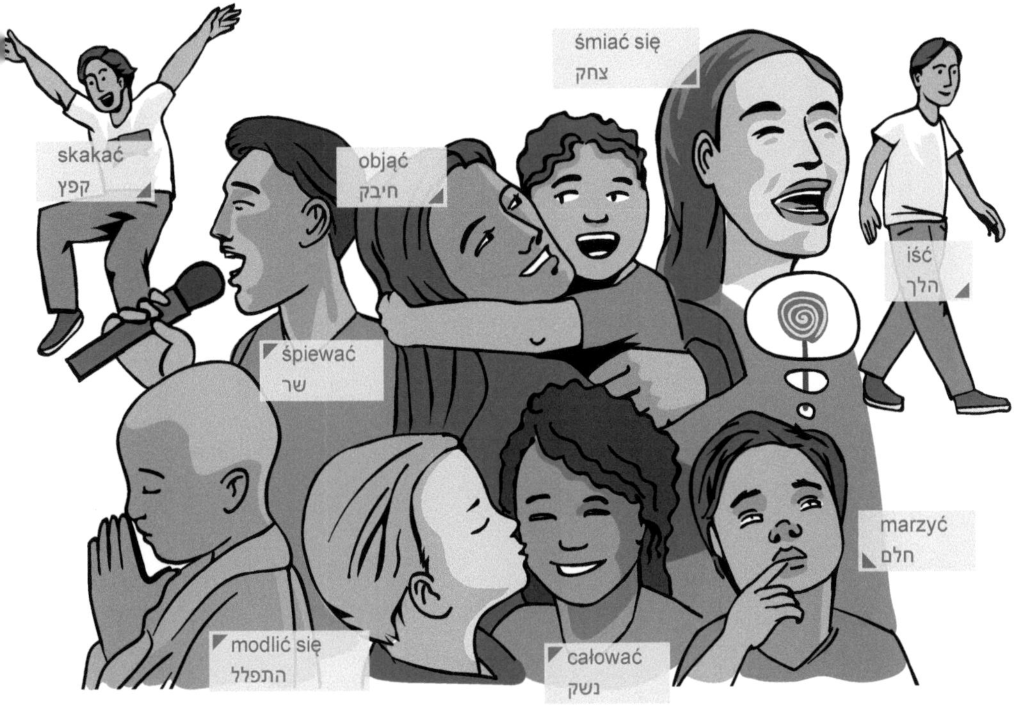

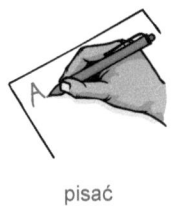

pisać

כתב

rysować

צייר

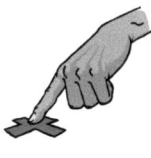

pokazywać

הראה

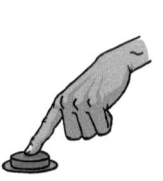

nacisnąć

דחף

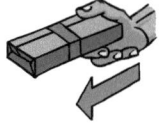

dać

נתן

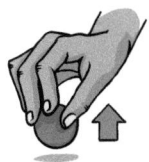

wziąć

לקח

mieć

יש / להיות הבעלים

robić

עשה

być

היה

stać

עמד

biegać

רץ

ciągnąć

משך

rzucać

זרק

spaść

נפל

leżeć

שכב

czekać

חיכה

nosić

סחב

siedzieć

ישב

zakładać

התלבש

spać

ישן

budzić się

התעורר

spojrzeć

הסתכל ב-

płakać

בכה

głaskać

ליטף

czesać się

סירק

mówić

דיבר

rozumieć

הבין

pytać

שאל

słyszeć

שמע

pić

שתה

jeść

אכל

sprzątać

סידר

kochać

אהב

gotować

בישל

jechać

נהג

latać

עף

żeglować

שט

liczyć

חישב

czytać

קרא

uczyć się

למד

pracować

עבד

wejść w związek małżeński

התחתן

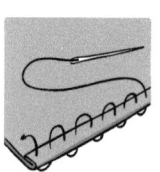

szyć

תפר

myć zęby

ציחצח שיניים

zabić

הרג

palić tytoń

עישן

wysłać

שלח

Rodzina

משפחה

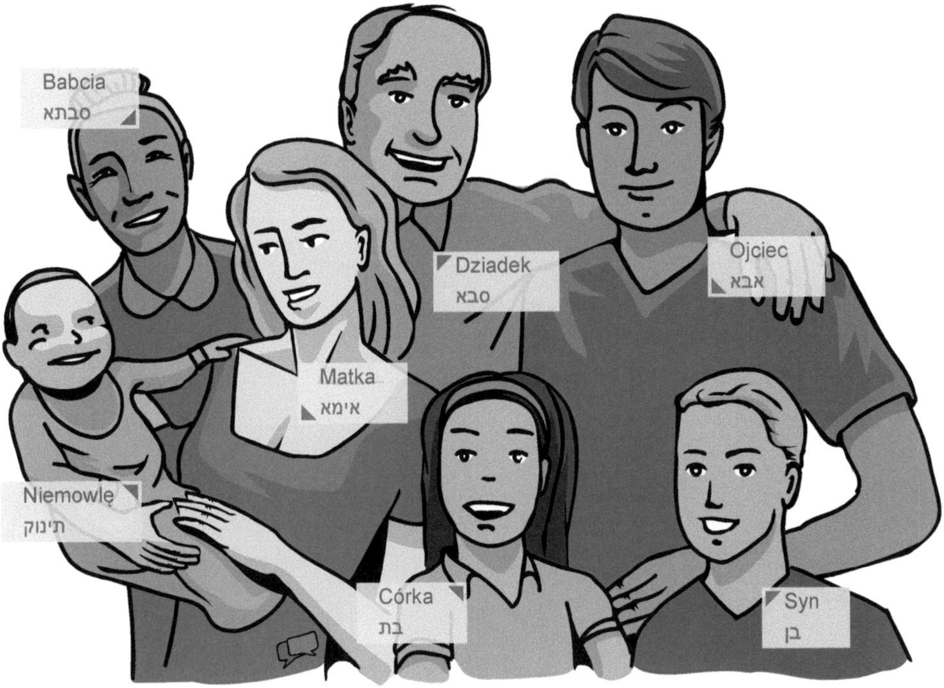

Babcia
סבתא
Dziadek
סבא
Ojciec
אבא
Matka
אימא
Niemowlę
תינוק
Córka
בת
Syn
בן

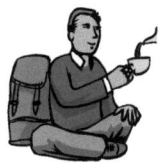

Gość

אורח

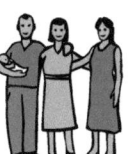

Ciotka

דודה

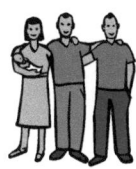

Wujek

דוד

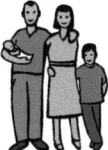

Brat

אח

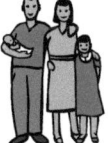

Siostra

אחות

Ciało

גוף

Czoło
מצח
Oko
עין
Ramię
כתף
Palec
אצבע
Twarz
פנים
Broda
סנטר
Ręka
כף יד
Noga
רגל
Pierś
חזה
Ramię
זרוע

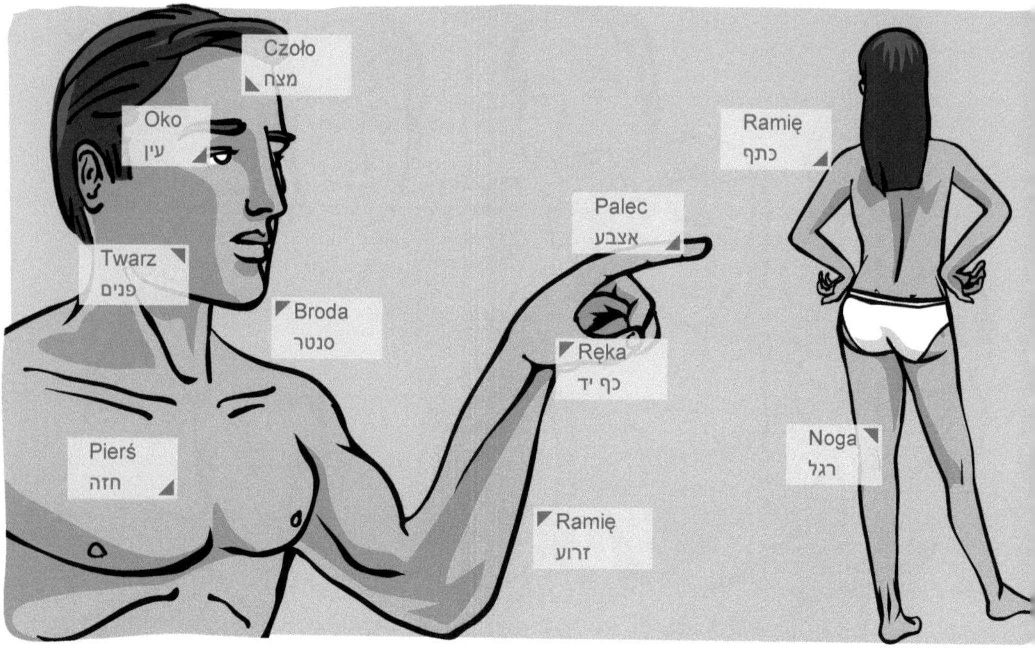

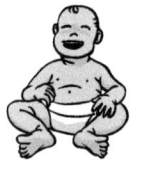

Niemowlę

תינוק

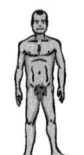

Mężczyzna

איש

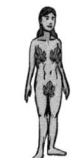

Kobieta

אישה

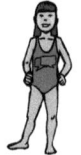

Dziewczyna

ילדה

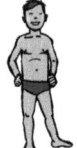

Chłopiec

ילד

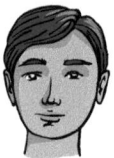

Głowa

ראש

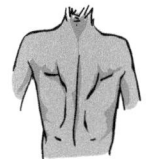

Plecy

גב

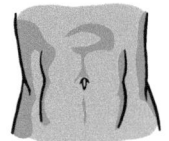

Brzuch

בטן

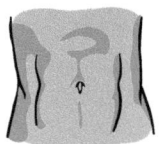

Pępek

טבור

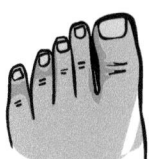

palec nogi

אצבע

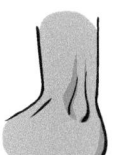

Pięta

עקב

Kość

עצם

Biodro

ירך

Kolano

ברך

Łokieć

מרפק

Nos

אף

Pośladki

עכוז

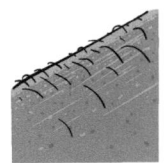

Skóra

עור

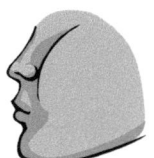

Policzek

לחי

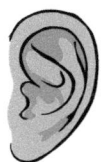

Uszy

אוזן

Warga

שפתיים

Usta

פה

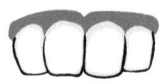

Ząb

שן

Język

לשון

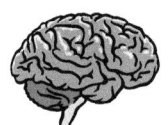

Mózg

מוח

Serce

לב

Mięsień

שריר

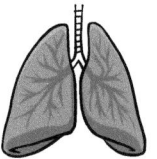

Płuca

ריאה

Wątroba

כבד

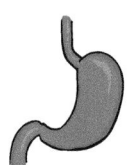

Żołądek

קיבה

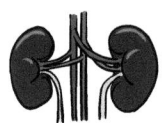

Nerki

כליות

Stosunek płciowy

מין

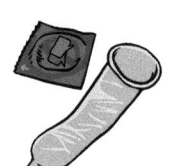

Kondom

קונדום

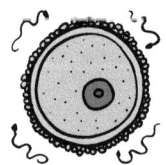

Komórka jajowa

ביצית

Sperma

זרע

Ciąża

הריון

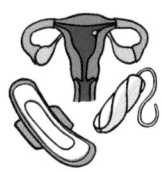

Menstruacja

ווסת

Wagina

נרתיק

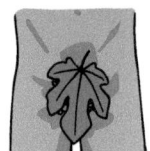

Penis

פין

Brew

גבה

Włosy

שיער

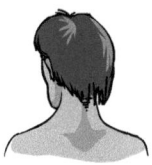

Szyja

צוואר

Szpital
בית חולים

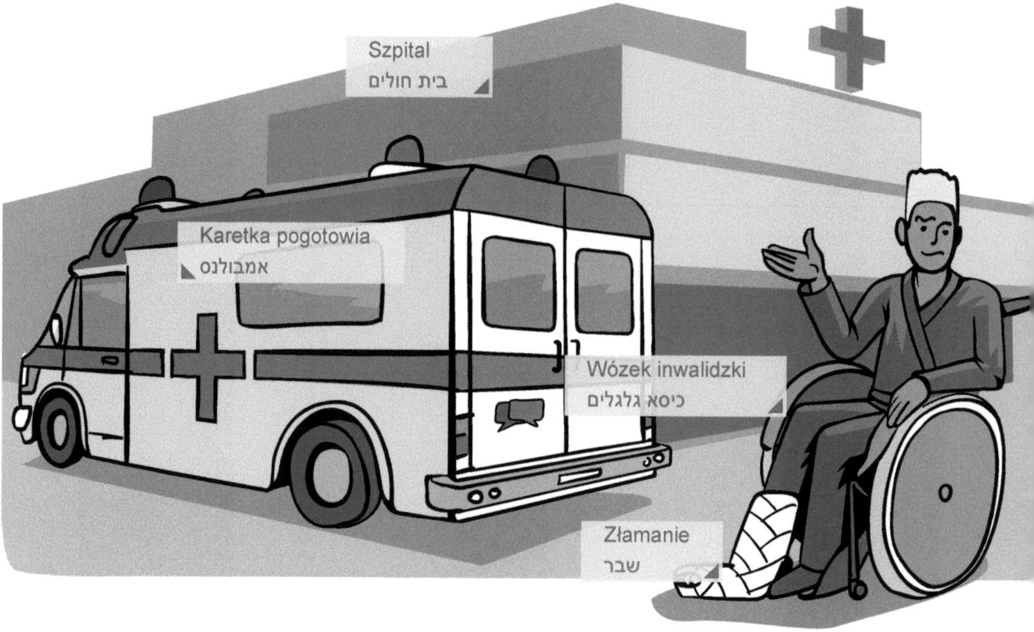

Szpital
בית חולים
Karetka pogotowia
אמבולנס
Wózek inwalidzki
כיסא גלגלים
Złamanie
שבר

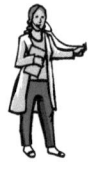

Lekarz

רופא

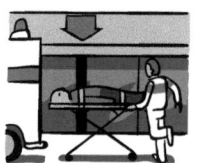

Izba przyjęć

חדר מיון

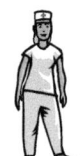

Pielęgniarka

אחות

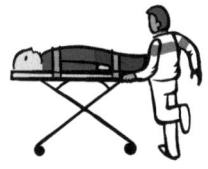

Nagły przypadek

חירום

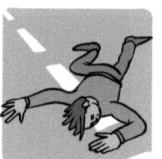

nieprzytomny

חסר הכרה

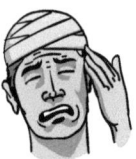

Ból

כאב

Skaleczenie

פציעה

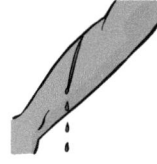

Krwawienie

דימום

Zawał serca

התקף לב

Udar mózgu

שבץ

Alergia

אלרגיה

Kaszleć

שיעול

Gorączka

חום

Grypa

שפעת

Biegunka

שלשול

Ból głowy

כאב ראש

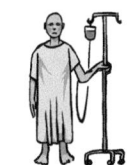

Rak

סרטן

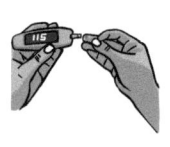

Cukrzyca

סוכרת

Chirurg

מנתח

Skalpel

אזמל

Operacja

ניתוח

CT

סי-טי

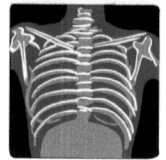

Rentgen

רנטגן

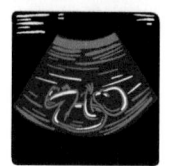

Ultradźwięki

אולטרסאונד

Maska

מסיכת פנים

Choroba

מחלה

Poczekalnia

חדר המתנה

Kula

קבה

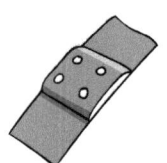

Plaster

פלסטר

Opatrunek

תחבושת

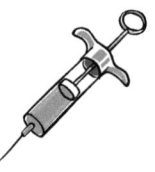

Iniekcja

זריקה

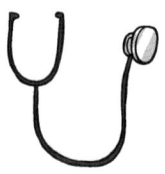

Stetoskop

סטטוסקופ

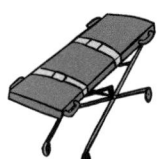

Nosze

אלונקה

Termometr

מד חום

Poród

לידה

Nadwaga

עודף משקל

Aparat słuchowy

מכשיר שמיעה

Środek dezynfekcyjny

מחטא

Infekcja

זיהום

Wirus

נגיף

HIV / AIDS

איידס

Medycyna

תרופה

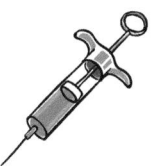

Szczepienie

חיסון

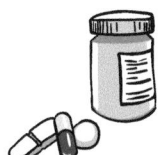

Tabletki

טבליות

Pigułka

גלולה

Telefon ratunkowy

קריאת חירום

Ciśnieniomierz krwi

מד לחץ דם

chory / zdrowy

חולה / בריא

Pomocy!

הצילו!

Alarm

אזעקה

Napad

פשיטה

Atak

תקיפה

Niebezpieczeństwo

סכנה

Wyjście awaryjne

יציאת חירום

Pożar!

אש!

Gaśnica

מטף כיבוי

Wypadek

תאונה

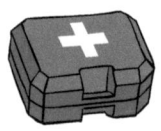

Walizeczka pierwszej pomocy

ערכת עזרה ראשונה

SOS

הצילו!

Policja

משטרה

Europa

אירופה

Ameryka Północna

צפון אמריקה

Ameryka Południowa

דרום אמריקה

Afryka

אפריקה

Azja

אסיה

Australia

אוסטרליה

Atlantyk

האוקיינוס האטלנטי

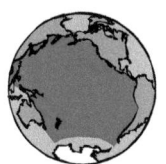

Pacyfik

האוקיינוס השקט

Ocean Indyjski

האוקיינוס ההודי

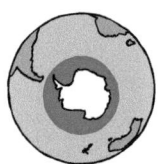

Ocean Antarktyczny

האוקיינוס האנטרקטי

Ocean Arktyczny

האוקיינוס הארקטי

Biegun północny

הקוטב הצפוני

Biegun południowy

הקוטב הדרומי

Antarktyda

אנטארקטיקה

Ziemia

כדור הארץ

Kraj

אדמה

Morze

ים

Wyspa

אי

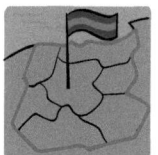

Naród

לאום

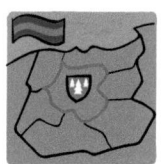

Państwo

מדינה

Cyferblat

פני השעון

Wskazówka godzinowa

מחוג השעות

Wskazówka minutowa

מחוג הדקות

Wskazówka sekundowa

מחוג השניות

Która godzina?

מה השעה?

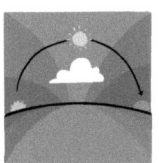

Dzień

יום

Czas

זמן

teraz

עכשיו

Zegarek digitalny

שעון דיגיטלי

Minuta

דקה

Godzina

שעה

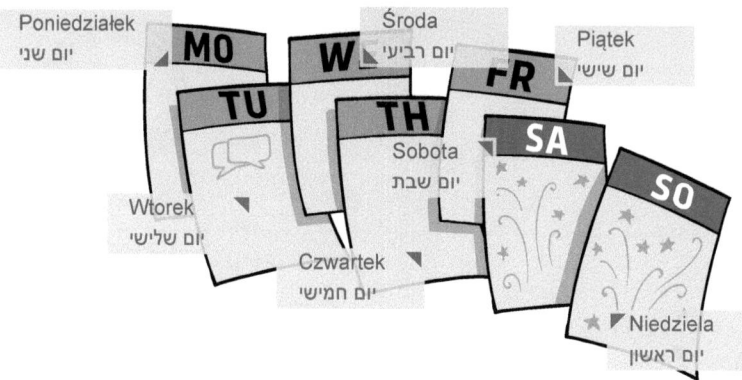

Poniedziałek
יום שני

Środa
יום רביעי

Piątek
יום שישי

Wtorek
יום שלישי

Sobota
יום שבת

Czwartek
יום חמישי

Niedziela
יום ראשון

wczoraj
....
אתמול

dzisiaj
....
היום

jutro
....
מחר

Rano
....
בוקר

Południe
....
צהריים

Wieczór
....
ערב

MO	TU	WE	TH	FR	SA	SU
1	2	3	4	5	6	7
8	9	10	11	12	13	14
15	16	17	18	19	20	21
22	23	24	25	26	27	28
29	30	31	1	2	3	4

Dni robocze
....
ימי עבודה

MO	TU	WE	TH	FR	SA	SU
1	2	3	4	5	6	7
8	9	10	11	12	13	14
15	16	17	18	19	20	21
22	23	24	25	26	27	28
29	30	31	1	2	3	4

Weekend
....
סוף שבוע

Rok

שנה

Tęcza
קשת בענן
Deszcz
גשם
Śnieg
שלג
Wiatr
רוח
Wiosna
אביב
Jesień
סתיו
Lato
קיץ
Zima
חורף

4.APRIL 11°
5.APRIL 4°
6.APRIL 13°
7.APRIL 8°
8.APRIL 10°

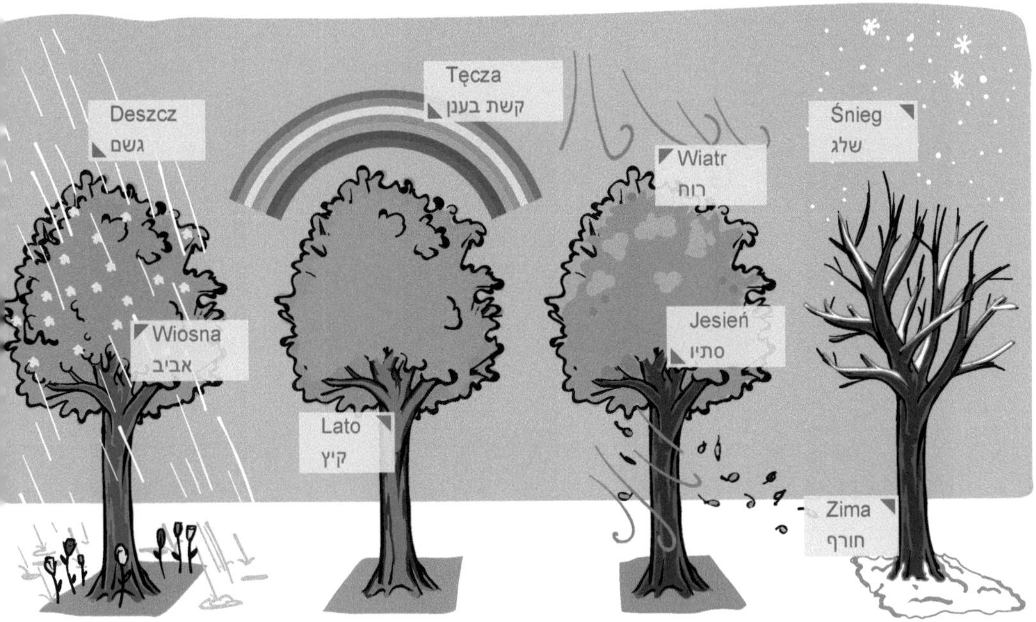

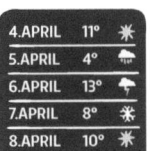

Prognoza pogody

תחזית מזג האוויר

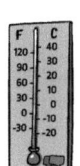

Termometr

מד חום

Światło słoneczne

אור שמש

Chmura

ענן

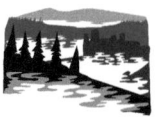

Mgła

ערפל

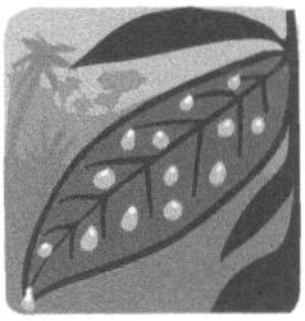

Wilgotność powietrza

לחות

Błyskawica

ברק

Grzmot

רעם

Sztorm

סערה

Grad

ברד

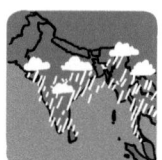

Monsun

רוח עונתי

Potop

שיטפון

Lód

קרח

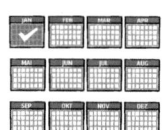

Styczeń

ינואר

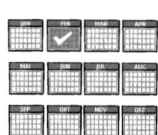

Luty

פברואר

Marzec

מרץ

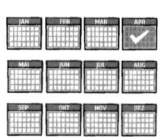

Kwiecień

אפריל

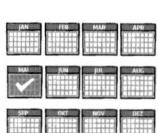

Maj

מאי

Czerwiec

יוני

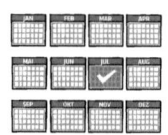

Lipiec

יולי

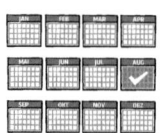

Sierpień

אוגוסט

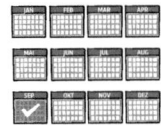

Wrzesień
....
ספטמבר

Październik
....
אוקטובר

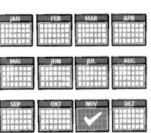

Listopad
....
נובמבר

Grudzień
....
דצמבר

Koło
....
עיגול

Kwadrat
....
מרובע

Prostokąt
....
מלבן

Trójkąt
....
משולש

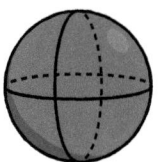

Kula
....
כדור

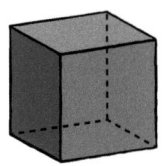

Sześcian
....
קובייה

biały

לבן

żółty

צהוב

pomarańczowy

כתום

różowy

ורוד

czerwony

אדום

liliowy

סגול

niebieski

כחול

zielony

ירוק

brązowy

חום

szary

אפור

czarny

שחור

dużo / mało

הרבה / מעט

wściekły / spokojny

כועס / רגוע

piękny / brzydki

יפה / מכוער

początek / koniec

התחלה / סוף

duży / mały

גדול / קטן

jasny / ciemny

בהיר / כהה

brat / siostra

אח / אחות

czysty / brudny

נקי / מלוכלך

kompletny / niekompletny

שלם / חלקי

dzień / noc

יום /לילה

umarły / żywy

מת / חי

szeroki / wąski

רחב / צר

jadalny / niejadalny

אכיל / לא אכיל

zły / uprzejmy

רשע / טוב לב

podniecony / znudzony

מתרגש / משועמם

gruby / chudy

שמן / רזה

najpierw / na końcu

ראשון / אחרון

przyjaciel / wróg

חבר / אויב

pełen / pusty

מלא / ריק

twardy / miękki

קשה / רך

ciężki / lekki

כבד / קל

głód / pragnienie

רעב / צמא

chory / zdrowy

חולה / בריא

nielegalny / legalny

בלתי-חוקי / חוקי

inteligentny / głupi

נבון / טיפש

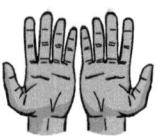

lewo / prawo

שמאל / ימין

bliski / daleki

קרוב / רחוק

nowy / używany

חדש / משומש

nic / coś

כלום / משהו

stary / młody

זקן / צעיר

włącz / wyłącz

פעיל / כבוי

otwarty / zamknięty

פתוח / סגור

cichy / głośny

שקט / רועש

bogaty / biedny

עשיר / עני

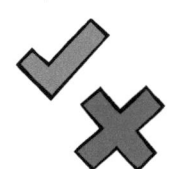

prawidłowy / błędny

נכון / שגוי

chropowaty / gładki

מחוספס / חלק

smutny / szczęśliwy

עצוב / שמח

krótki / długi

קצר / ארוך

powolny / szybki

איטי / מהיר

mokry/suchy

רטוב / יבש

ciepły / chłodny

חם / קר

wojna / pokój

מלחמה / שלום

0

zero

אפס

1

jeden

אחת

2

dwa

שתיים

3

trzy

שלוש

4

cztery

ארבע

5

pięć

חמש

6

sześć

שש

7

siedem

שבע

8

osiem

שמונה

9

dziewięć

תשע

10

dziesięć

עשר

11

jedenaście

אחת-עשרה

12

dwanaście

שתים-עשרה

13

trzynaście

שלוש-עשרה

14

czternaście

ארבע-עשרה

15

piętnaście

חמש-עשרה

16

szesnaście

שש-עשרה

17

siedemnaście

שבע-עשרה

18

osiemnaście

שמונה-עשרה

19

dziewiętnaście

תשע-עשרה

20

dwadzieścia

עשרים

100

sto

מאה

1.000

tysiąc

אלף

1.000.000

milion

מיליון

Angielski

אנגלית

Angielski amerykański

אנגלית אמריקאית

Chiński mandaryński

סינית מנדרינית

Hindi

הודית

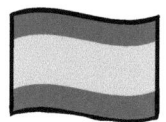

Hiszpański

ספרדית

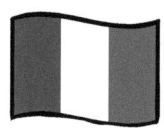

Francuski

צרפתית

Arabski

ערבית

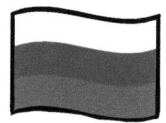

Rosyjski

רוסית

Portugalski

פורטוגזית

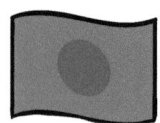

Bengalski

בנגלית

Niemiecki

גרמנית

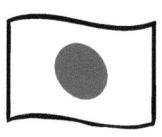

Japoński

יפנית

ja

אני

ty

אתה / את

on / ona / ono

הוא / היא / זה

my

אנחנו

wy

אתם

oni

הם

kto?

מי?

co?

מה?

jak?

איך?

gdzie?

איפה?

kiedy?

מתי?

Nazwisko

שם

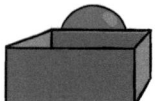

za

מאחור

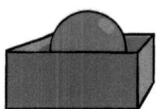

w

בתוך

przed

לפני

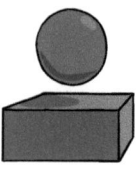

powyżej

מעל

na

על

pod

מתחת

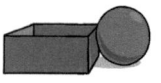

obok

ליד

między

בין

Miejsce

מקום